Entraînement

Validez votre semestre 1 en IFSI en 650 questions corrigées

Chez le même éditeur

Validez votre semestre 2 en IFSI en 450 questions corrigées, par J. Chevillotte, 2014, 168 pages.

Validez vos semestres 3 et 4 en IFSI en 500 questions corrigées, par J. Chevillotte, 2014, 208 pages.

Validez votre semestre 5 en IFSI en 400 questions corrigées, par J. Chevillotte, 2014, 160 pages.

Entraînement

Validez votre semestre 1 en IFSI en 650 questions corrigées

Coordonné par Jérôme Chevillotte

J. Chevillotte
FF Cadre supérieur de Santé, CH de Versailles

M. Abdirhman
Directeur du site de Formation de Saint-Étienne, IRFSS Croix Rouge Française Rhône-Alpes

O.Dunion
FF cadre de Santé, formateur en IFSI, IFSI d'Ivry-sur-Seine

D. Le Boeuf
Cadre de santé, responsable de la formation continue, CH de Versailles

M. Marchault
Cadre de santé, formateur en IFSI, IFPS, CHU de Tours

S. Metge
Cadre de santé, Clinique Occitanie, Muret

P. Mevial
Cadre de santé, formateur en IFSI, CHU de Clermont-Ferrand

M. Neveur
Cadre de santé, formateur en IFSI, IFSI de Versailles

ELSEVIER
MASSON

Illustrations réalisées par Carole Fumat

ISBN : 978-2-294-74085-5

Elsevier Masson SAS, 62, rue Camille-Desmoulins, 92442 Issy-les-Moulineaux cedex
www.elsevier-masson.fr

Sommaire

CHAPITRE 1 **Se préparer aux épreuves** 1
Objectifs des épreuves 1
Méthodologie des épreuves 3
Votre planning de révision 7
Utilisez au maximum votre livre 11

CHAPITRE 2 **UE 1.3 – Législation, éthique, déontologie** 13
Objectifs/contenu de l'UE 13
Objectifs de l'unité d'enseignement 13
Éléments de contenu 13
Testez-vous 14
Testez vos connaissances 14
Entraînez-vous 18
Entraînez-vous avec des QCM 18
Entraînez-vous avec des QROC 36

CHAPITRE 3 **UE 2.1 – Biologie fondamentale** 45
Objectifs/contenu de l'UE 45
Objectifs de l'unité d'enseignement 45
Testez-vous 45
Testez vos connaissances 45
Entraînez-vous 50
Entraînez-vous avec des QCM 50
Entraînez-vous avec des QROC 65
Entraînez-vous avec des schémas 72

CHAPITRE 4 **UE 2.2 – Cycles de la vie et grandes fonctions** 77
Objectifs/contenu de l'UE 77
Objectifs de l'unité d'enseignement 77
Éléments de contenu 77
Testez-vous 78
Testez vos connaissances 78
Entraînez-vous 82
Entraînez-vous avec des QCM 82
Entraînez-vous avec des QROC 109
Entraînez-vous avec des schémas 119

CHAPITRE 5 **UE 2.4 – Processus traumatiques** 127
Objectifs/contenu de l'UE 127
Objectifs de l'unité d'enseignement 127
Éléments de contenu 127
Testez-vous 128
Testez vos connaissances 128

Entraînez-vous 132
Entraînez-vous avec des QCM 132
Entraînez-vous avec des QROC 148
Entraînez-vous avec des schémas 156

CHAPITRE 6 **UE 2.11 – Pharmacologie et thérapeutiques** 159
Prérequis 159
Testez votre niveau sur les prérequis 159
Objectifs/Contenu de l'UE 162
Objectifs de l'unité d'enseignement 162
Testez-vous 162
Testez vos connaissances 162
Entraînez-vous 167
Entraînez-vous avec des QCM 167
Entraînez-vous avec des QROC 185
Entraînez-vous avec des schémas 193

Conclusion 195

CHAPITRE

1 Se préparer aux épreuves

Objectifs des épreuves[1]

Intitulé des épreuves du semestre 1

- UE 1.3 Législation, éthique et déontologie
- UE 2.1 Biologie fondamentale
- UE 2.2 Cycles de la vie et grandes fonctions
- UE 2.4 Processus traumatiques
- UE 2.11 Pharmacologie et thérapeutiques

Modalités d'évaluation : évaluation écrite de connaissances

Toutes les unités d'enseignements (UE) abordées dans cet ouvrage sont évaluées par une épreuve écrite individuelle. Vous serez donc seul face à votre copie.

Du point de vue du déroulé des épreuves, plusieurs documents vous seront distribués au début de l'épreuve : un livret de questions, une grille de réponse (aussi appelée « livret de réponse »), des copies et, selon les universités, éventuellement des feuilles de brouillons.

Critères d'évaluation

Commun aux 5 UE de semestre 1	Spécifiques à l'UE		
	1.3 S1	2.4 S1	2.11 S1
Exactitude des connaissances	Justesse dans l'utilisation des notions	Justesse dans la compréhension des mécanismes physiopathologiques	Compréhension des mécanismes

L'expression « exactitude des connaissances » renvoie à la notion de « précision ». Il est donc indispensable de connaître le contenu des cours et d'être capable de restituer des connaissances conformes.

Le terme « justesse » évoque la qualité de faire quelque chose avec exactitude, précision. Lorsque la justesse d'utilisation ou de compréhension est évoquée, elle rappelle que l'utilisation de l'objet dont il est question doit être parfaitement appropriée. Il ne suffira pas de restituer vos cours « sans réfléchir » : vous

1. Auteur référent : Magali Neveur.

devrez au préalable effectuer des recherches complémentaires et approfondir vos cours à l'aide de références bibliographiques fiables.

Cet approfondissement de vos connaissances est indispensable pour maîtriser et restituer le contenu des enseignements. Il vous aidera à vous représenter ce que vous êtes en train d'apprendre.

Chacun de ces critères justifiera l'utilisation de différents types de questions lors des évaluations.

Les différents types de questions

Il est important de connaître la structure de l'évaluation. Elle peut comporter des questions à choix unique (QCU), des questions à choix multiples (QCM), des questions à réponses ouvertes et courtes (QROC) et des schémas en proportions différentes. Ce découpage est normalement connu des formateurs qui peuvent vous le communiquer, s'ils ont été autorisés à le faire par l'université.

Pour les questions à choix unique (QCU) et les questions à choix multiples (QCM) le barème de notation est indiqué sur la page de garde du livret de questions (1re page).

Les consignes relatives à chaque question peuvent être indiquées ou non. Par exemple, une des mentions « Indiquez la bonne réponse », « Indiquez les bonnes réponses » ou « Indiquez la réponse fausse » peut figurer en amont (avant) de la question ; cela facilite votre réponse. Lorsque aucune indication n'est précisée, c'est à vous d'indiquer la ou les réponses attendues à la question posée, à partir de ses connaissances.

Pour les **QCU**, une seule réponse est attendue	Parfois, certaines QCU demandent d'indiquer une réponse inexacte. Il est donc primordial de bien lire l'énoncé de la question tant par rapport au fond de la question (c'est-à-dire le contenu abordé) que par rapport à la forme (QCU, QCM, réponse inexacte à cocher, etc.).
Pour les **QCM**, plusieurs réponses sont attendues	Il existe des QCM intitulés *« à compléments groupés »* qui présentent plusieurs propositions numérotées 1, 2, etc. dans leur intitulé. Il s'agit ensuite d'indiquer la ou les réponses attendues à partir des instructions précisées ; par exemple réponse A : les propositions 1 et 4 sont vraies, ou réponse B : les propositions 2 et 4 sont fausses, etc.
	Certains QCM sont de type *« cause à effet »*. Une seule case est à cocher sur la grille de réponse. Le libellé associe deux propositions par un « parce que ».
	D'autres QCM sont de type *« associatifs »*. Le libellé de la question présente deux paramètres en fonction desquels les propositions de réponse ont été rédigées. Là aussi, une seule case est à cocher sur la grille de réponse. Par exemple « cocher la réponse A si la proposition concerne seulement X », ou « cocher la réponse B si la proposition ne concerne ni X, ni Y ». Ces questions sont peu utilisées dans les évaluations destinées aux étudiants en soins infirmiers. Dans cet ouvrage, nous avons fait le choix de ne pas en proposer.

Les **QROC** ne proposent aucune réponse.	Il s'agit de donner une réponse libre qui doit tenir en un nombre limité de lignes (8 à 10). Elles permettent d'évaluer les *connaissances* de l'étudiant sur un sujet, leur capacité de *synthèse* mais également leur capacité d'*analyse* de la question (c'est-à-dire comment vous l'avez comprise, comment vous l'interprétez).
Les **schémas**	Un schéma est une représentation imagée d'un phénomène. Il permet de vérifier la connaissance de ce phénomène dans sa représentation dans l'espace.

Méthodologie des épreuves

La motivation, outil fondamental : « je veux devenir infirmier(ère) ! »

- Certaines matières, plus que d'autres, vous motivent pour travailler. Pour vous inciter à aller de l'avant, à enclencher « la dynamique » de travail et des révisions, remémorez-vous et surtout ne perdez pas de vue votre but ultime : « je veux être infirmier(ère) ! »
- Commencez par les matières que vous appréciez le moins. Ne les gardez pas pour la fin du semestre, période où le stress monte et où vous êtes moins réceptif. N'oubliez pas certains préalables comme le passage de deuxième année en troisième année qui s'effectue par la validation des semestres 1, 2, 3 et 4 ou par la validation des semestres 1 et 2 et d'au moins 48 crédits sur 60 répartis sur les semestres 3 et 4. Les semestres 1 et 2, et donc ses UE à valider, sont primordiaux pour votre progression dans cette formation.
- Dans votre organisation, gardez du temps pour vous, pour vous détendre et ne négligez ni votre sommeil, ni la qualité de votre alimentation : à corps fatigué, cerveau peu efficace ! Le pire ennemi est soi-même : venez passer cet examen comme si vous l'aviez déjà validé ; cela vous aidera à avoir confiance en vous plutôt que de vous dire que c'est perdu d'avance !

Un préalable indispensable : le travail de mémorisation

Trier pour se repérer

Il est indispensable de consacrer du temps à **trier** vos cours de façon à connaître quels sont les contenus abordés à l'intérieur de chaque unité d'enseignement (UE). Cela permet de **se repérer** dans cette compilation d'informations à retenir.

Associer pour mieux comprendre

Les questions posées lors des évaluations balayent l'ensemble des contenus prévus au sein de chaque UE. Se préparer à l'épreuve, c'est déjà **associer** chaque cours dispensé à l'un des éléments de contenu de l'UE (faire les liens).

Dans cet ouvrage, un rappel des contenus devant être abordés dans l'UE pendant les cours est fait avant chaque test de connaissances.

Nous vous rappellerons également les objectifs poursuivis par chaque UE. Ces objectifs sont toujours en lien avec une compétence spécifique, qui oriente l'axe de travail que vous devez suivre. Exemple : La compétence 4 *«Mettre en œuvre des thérapeutiques et des actes à visée diagnostique» oriente l'UE 2.4 «Processus traumatiques» vers l'administration des thérapeutiques, les prescriptions médicales, les gestes techniques, la gestion de la douleur....*

Chaque UE dispose d'une enveloppe temps pour dispenser les enseignements avec des cours magistraux (CM), des travaux dirigés (TD) ainsi que du temps personnel (TP). La présence aux cours magistraux n'est pas obligatoire; cela ne veut pas dire qu'ils sont inutiles. Il est tentant de ne pas y assister, d'autant plus que les cours peuvent être disponibles en ligne ou sur polycopiés. Le risque, lorsque l'on n'est pas assidu, est de perdre le fil conducteur de l'UE voire d'autres UE en lien.

Attention également aux podcasts, fichiers audio ou vidéo, qui permettent de visionner ou d'écouter le cours à distance : ils peuvent se révéler de faux amis si vous ne programmez pas d'emblée une période pour rattraper et travailler ce contenu de cours.

▶ Mémoriser pour restituer

Dans un troisième temps, vous devez faire un travail de mémorisation de ces contenus.

Attention, les objectifs visés par les questions peuvent être divers : connaître, comprendre, appliquer ou analyser. À chacun de ces objectifs correspond un apprentissage qui lui est propre. À vous d'aller plus loin et d'approfondir ces contenus car les enseignants ne donnent que des bases d'apprentissage.

Connaître	Comprendre	Appliquer	Analyser
demande d'avoir mémorisé des informations et le «par cœur» peut suffire. Cette méthode permet de définir un objet.	suppose d'être capable de reformuler avec ses propres mots. Ce procédé permet : - d'identifier à quoi sert l'objet; - de déterminer de quelle façon il est utilisé et dans quel contexte; - de déterminer son lien avec d'autres notions; - et de comprendre pourquoi il est utilisé.	sous-entend que vous ayez compris comment l'objet est utilisé dans votre pratique de soins. Dans cette partie, il faut être capable de répondre aux attentes «en situation».	requiert d'être capable de mesurer les écarts entre une situation appropriée et une situation problématique. Cette capacité nécessite de maîtriser les trois processus précédents : connaître, comprendre et appliquer.

Les TD servent à illustrer, approfondir et compléter des cours magistraux. Pour vous préparer au mieux, il est conseillé d'avoir travaillé l'étape précédente (mémorisation) avant de venir aux TD. Si possible, revoyez votre cours le jour même ou au moins dans les deux ou trois jours qui suivent le cours magistral.

Le jour de l'épreuve : faites du temps votre allié !

Les étudiants n'exploitent pas suffisamment le temps qui leur est imparti ! Si l'épreuve dure 90 minutes pour 30 QCM, vous disposez de 1 à 2 minutes pour traiter chacune des questions. Utilisez le reste du temps pour relire votre copie.

Avant même de débuter l'épreuve, vous devez prévoir ce temps de relecture. Ce temps indispensable intervient avant de rendre sa copie : il permet de vérifier que la copie est correctement identifiée, mais aussi que vous avez reporté les bonnes réponses sur le livret prévu à cet effet.

L'analyse de la question : interrogez le sens des mots pour répondre sans erreur !

À ce stade du travail, vous avez assimilé un certain nombre de connaissances. Mais les QCM sont parfois traîtres et il faut veiller à **ne pas répondre aux questions de manière mécanique.** Les définitions proposées sont parfois proches les unes des autres mais ne reprennent pas mot pour mot celles qui ont été données dans le cadre du cours. Il s'agit donc d'**avoir bien compris la notion** de **« mémoire du travail »** pour répondre sans erreur.

Il est important de bien lire la consigne et la question et de **ne surtout pas prendre connaissance des réponses proposées** pour ne pas être influencé. Ainsi, vous pourrez vous rappeler des notions et faire travailler votre mémoire pour vérifier vos connaissances. Cela vous évitera d'être influencé par les mauvaises réponses ou les réponses qui sont faites pour induire le doute dans votre esprit et vous permettra ainsi de vérifier l'exactitude de vos connaissances. N'oubliez pas : il est indispensable de relire la consigne plusieurs fois.

Ensuite, vous devez faire un **travail d'analyse de la question** et vous interroger :

- **sur le fond :** quels sont les contenus visés ? Vous devez, au brouillon, identifier les mots clés présents dans l'énoncé puis écrire rapidement un plan détaillé de ce que vous savez sur le sujet traité. Cela évitera les confusions au moment de faire votre choix entre les différentes réponses proposées.
- **sur la forme :** que veulent dire les mots utilisés ? Quel est le sens des verbes, des adverbes choisis ? Ces questions simples et apparemment anodines permettent d'éviter bien des pièges : ce n'est pas la même chose de demander de citer les signes cliniques « systématiquement » présents lors de telle ou

telle pathologie (ici, il y a une affirmation à produire) ou bien de demander les signes cliniques « aussi » présents dans deux pathologies (ici, il y a une comparaison à restituer). Parfois, des comparaisons sont demandées avec l'utilisation de « le plus... » ou « le moins... ». L'utilisation du pluriel ou du singulier oriente également sur le nombre de réponses à produire.

Si vous avez un « trou de mémoire » : passez la question et revenez dessus s'il vous reste du temps à la fin de l'épreuve. Cela vous évitera un stress pendant l'épreuve qui pourrait vous déconcentrer et, donc, vous faire perdre du temps pour répondre aux autres questions.

L'entraînement est très important et vous permet de canaliser les tensions le jour de l'examen. Pour cela, un bon exercice est de créer soi-même les QCM, QROC, etc. à partir des enseignements reçus. Ce travail permet de mieux comprendre le contenu du cours, mais il est très chronophage et ne corrige pas vos erreurs éventuelles. Cet ouvrage, en proposant à la fois une auto-évaluation et la construction de savoirs, répond parfaitement à cette optique.

Un bon entraînement est un entraînement « en conditions d'examen » ; si vous disposez de 2 à 3 minutes par question le jour J, vous devez vous mettre dans les mêmes modalités pour que cette préparation soit utile.

Si vous avez déjà passé l'épreuve, n'hésitez pas à reprendre (si on vous les a rendues) ou à aller consulter vos anciennes copies : cela vous permettra d'identifier les points du cours qui ne sont pas maîtrisés, mais aussi les erreurs méthodologiques.

Quel que soit votre état d'avancement : pas de panique !

Le manque de temps est souvent invoqué par les étudiants à l'aube de leurs examens. Un bon planning de travail et de révision suffit à éliminer cette impression et à diminuer le stress. En revanche, lorsque vous décidez de travailler vos cours, coupez et rangez votre téléphone portable, faites-en de même avec internet et toutes les distractions qui peuvent vous tenter.

Révisions de dernière minute : trouvez le bon équilibre

Vous n'êtes pas prêt pour vos partiels : l'erreur est humaine ! Restez calme : le tout est de savoir exploiter au maximum la période qui les précède. Vous pourrez ainsi réviser efficacement et rapidement. La méprise serait de se noyer sous une quantité de travail trop importante. Plus que les autres étudiants, vous devrez établir un planning de révision, prioriser en fonction du niveau de difficultés, de l'importance des UE en nombre d'ECTS (*European Credits Transfer System*) ou de celles où vous pourrez progresser en peu de temps. Votre lecture des cours devra être différente : entrer moins dans les détails, diviser le temps disponible par le nombre de cours de façon à tout revoir. Au pire, prévoyez peut-être de faire l'impasse sur certaines UE pour les sessions initiales ; réorganisez-vous pour les épreuves de rattrapage et cette fois tenez vos engagements !

Enfin, la solidarité peut aussi vous aider : discuter des cours avec un groupe d'amis peut vous permettre d'avoir des informations sur les attentes de ces évaluations. Peut-être même que vos amis vous feront bénéficier de leurs fiches de révision, de leur réflexion à partir de recherche documentaire, etc.

Dans tous les cas, prêt ou pas, une seule solution : l'organisation !

Votre planning de révision

Réussir ses partiels est souvent plus simple qu'on ne le pense. Pour bien préparer l'examen, il faut considérer le temps comme un outil et non comme un ennemi. Prévoyez un temps de travail personnel suffisant. Vous devrez vous habituer à plus d'autonomie.

Quelques simulations pour mieux comprendre

La durée de la formation est de 3 années, soit 6 semestres de 20 semaines chacun, équivalent à 4200 heures. Le travail personnel complémentaire est estimé à 900 heures environ, soit 300 heures par an. La charge de travail de l'étudiant est donc de 5100 heures pour 6 semestres, soit 850 heures par semestre ou 42 heures 30 par semaine ou encore 8 heures 30 par jour, 5 jours par semaine, et ce **dès le premier jour de la rentrée du semestre 1** !

Plusieurs situations de travail peuvent être envisagées. Dans chacun des cas, l'étudiant est prêt à partir en cours à 8 heures du matin et travaillera jusqu'à 22 heures. Il consacrera chaque jour 2 heures à prendre ses repas, 2 heures dans ses déplacements et 7 heures à suivre ses cours du lundi au vendredi.

- **1er départ :** je travaille dès le premier jour de la rentrée, soit pendant les 20 semaines du semestre. Je dispose de 14 heures par jour (de 8 heures à 22 heures) desquelles je déduis 2 heures de repas, 2 heures de transport et 7 heures de cours. Il me reste 3 heures par jour de temps personnel. Je décide de travailler 1 heure et demie du lundi au vendredi. Pour autant, je dispose encore de 1 heure et demie chaque soir, de tous mes samedis et dimanches ainsi que de 2 semaines de vacances pour mes loisirs et/ou obligations. *Vérification : 1 heure et demie de travail du lundi au vendredi = 7 heures et demie de travail hebdomadaire = 150 heures de travail effectué sur 20 semaines (1 semestre) = 900 heures de travail personnel fourni sur 6 semestres : le compte est bon !*

- **2e départ :** je commence à travailler au milieu du semestre, soit pendant les 10 semaines restantes du semestre. Je dispose de 14 heures par jour (de 8 heures à 22 heures) desquelles je déduis 2 heures de repas, 2 heures de transport et 7 heures de cours. Il me reste 3 heures par jour de temps personnel. Je décide de travailler 3 heures du lundi au vendredi. Pour autant, je dispose encore de tous mes samedis et dimanches ainsi que de 2 semaines de vacances pour mes loisirs et/ou obligations. *Vérification : 3 heures de travail du lundi au vendredi = 15 heures de travail hebdomadaire = 150 heures de travail effectué sur 10 semaines : le compte est bon cette fois-ci, mais cela se complique !*
- **3e départ :** je commence à travailler 5 semaines avant la fin du semestre dont 2 semaines de vacances. Je dispose de 14 heures par jour (de 8 heures à 22 heures) desquelles je déduis 2 heures de repas (pas de transport ni de cours pendant les 2 semaines de vacances). Il me reste 12 heures par jour de temps personnel. Je conserve 2 jours par semaine pour me reposer. Je vais pouvoir consacrer 120 heures de mon temps à travailler. Il me restera 30 heures de travail personnel à fournir sur les trois dernières semaines, soit 10 heures par semaine soit 2 heures chaque soir du lundi au vendredi. *Vérification : 12 heures de travail du lundi au vendredi pendant 2 semaines = 12 × 5 × 2 = 120 heures de travail pendant les vacances auxquelles j'ajoute 2 heures de travail journalier du lundi au vendredi pendant 3 semaines, soit 2 × 5 × 3 = 30 heures de travail effectué sur 3 semaines = 150 heures de travail effectuées sur 5 semaines : le compte est bon pour ce semestre mais à quel prix ! Est-ce tenable ?*

Attention cependant, car les partiels de l'université se situent parfois 2 à 3 semaines avant la fin du semestre !

Le rétroplanning du semestre 1 : trois, deux, un...

Voici un rétroplanning de 20 semaines (S1 à S20) correspondant à votre semestre 1. Les couleurs sont placées à titre indicatif afin de vous aider à programmer toutes les étapes nécessaires avant vos « révisions ».

Planifiez votre travail par semaine : rattrapez et travaillez les contenus des cours auxquels vous n'avez pas pu assister dans cet intervalle hebdomadaire, sans prendre de retard.

3) Fixez-vous des objectifs avec des échéances précises

2) Respectez-les !

1) Cochez la case correspondante : vous aurez la satisfaction de constater votre progression.

Le rétroplanning du semestre 1

		S1	S2	S3	S4	S5	S6	S7	S8	S9	S10	S11	S12	S13	S14	S15	S16	S17	S18	S19	S20
1. J'ai **relu et trié** mes cours par UE et par compétences	UE 1.3																				
	UE 2.1																				
	UE 2.2																				
	UE 2.4																				
	UE 2.11																				
2. J'ai **associé** chaque cours à l'un des contenus et **fait les liens** avec les objectifs de l'UE	UE 1.3																				
	UE 2.1																				
	UE 2.2																				
	UE 2.4																				
	UE 2.11																				
3. J'ai **mémorisé** par cœur les informations et je suis capable de définir l'objet du cours	UE 1.3																				
	UE 2.1																				
	UE 2.2																				
	UE 2.4																				
	UE 2.11																				

Le rétroplanning du semestre 1

		S1	S2	S3	S4	S5	S6	S7	S8	S9	S10	S11	S12	S13	S14	S15	S16	S17	S18	S19	S20
4. J'ai **identifié** à quoi sert l'objet, de quelle façon il est utilisé, pourquoi et dans quel contexte	UE 1.3																				
	UE 2.1																				
	UE 2.2																				
	UE 2.4																				
	UE 2.11																				
5. Je suis capable d'**utiliser** cet objet dans ma **pratique de soins**	UE 1.3																				
	UE 2.1																				
	UE 2.2																				
	UE 2.4																				
	UE 2.11																				
6. Je suis capable de **mesurer les écarts** entre une situation appropriée et une situation problématique	UE 1.3																				
	UE 2.1																				
	UE 2.2																				
	UE 2.4																				
	UE 2.11																				
7. Je me suis **entraîné** à répondre à des questions	UE 1.3																				
	UE 2.1																				
	UE 2.2																				
	UE 2.4																				
	UE 2.11																				

Utilisez au maximum votre livre

Les questions proposées par unité d'enseignement (UE) balayent l'ensemble des contenus définis dans l'arrêté de formation.

Pour chaque UE, vous trouverez deux parties :

- « Testez-vous » : cette partie (d'une vingtaine de questions) permet de faire une auto-évaluation de votre niveau. Pour chacune des questions posées, il est indiqué s'il est attendu une ou plusieurs réponses. En fonction de vos résultats, ne passez pas à la partie suivante, retravaillez vos cours pour acquérir un meilleur niveau de compétence avant l'entraînement. Au besoin, vous pouvez à nouveau réaliser le test ;
- « Entraînez-vous » : cette partie vous prépare à répondre à des formulations de questions différentes tout en testant vos connaissances. Ici, le nombre de réponses attendues n'est pas forcément indiqué.

Pour une meilleure préparation aux examens, inscrivez vos réponses directement sur l'ouvrage. Si vous devez retravailler certaines parties à l'intérieur desquelles vous avez réalisé des erreurs (test et/ou entraînement), utilisez des couleurs différentes à chaque fois : cela vous permettra de savoir où vous vous êtes arrêté, mais surtout d'évaluer votre progression entre deux séances de travail.

Ce livre, par son format, est facilement transportable ; il ne faut donc pas hésiter à l'emporter partout avec soi.

Bon entraînement !

CHAPITRE

2 UE 1.3 – Législation, éthique, déontologie

OBJECTIFS/CONTENU DE L'UE

Objectifs de l'unité d'enseignement[2]

- Caractériser les conceptions philosophiques de l'être humain et les courants de pensée correspondants
- Comparer ces conceptions à l'œuvre dans des questions sociales contemporaines
- Distinguer les notions de droit, de morale, d'éthique
- Identifier les valeurs de la profession infirmière, intégrer les éléments des règles professionnelles et expliciter le lien avec la pratique
- Expliciter la notion de responsabilité professionnelle
- Citer les droits fondamentaux du patient et leurs implications pour la pratique professionnelle

Éléments de contenu

- Les concepts en philosophie et éthique :
  - homme, liberté, humanité, altérité, dignité, vulnérabilité, identité sociale, reconnaissance
  - éthique, morale, déontologie, responsabilité, altérité, dilemme, conflit, consensus
  - respect, intégrité, engagement, parole donnée, impuissance
  - normes, valeurs
- L'exercice professionnel et la responsabilité (Code de la santé publique et textes non codifiés)
- Les droits de l'homme, notamment ceux de l'enfant, de la personne âgée, de la personne handicapée (chartes, textes internationaux et nationaux)
- Les droits du patient, notamment en santé mentale et psychiatrie. Obligation de soins, hospitalisation et soins sans consentement, restriction des libertés, régimes de protection des personnes présentant des incapacités (mineurs, majeurs sous tutelle, etc.)
- La confidentialité et le secret professionnel (accès aux documents, transmission d'information, réponse à des tiers, etc.)

2. Auteurs référents : Dominique Le Bœuf, Jérôme Chevillotte.

TESTEZ-VOUS

Testez vos connaissances

1 – Indiquez les bonnes réponses. Une hospitalisation en psychiatrie peut être décidée à la demande :

☐ a. du patient
☐ b. d'un tiers
☐ c. du préfet
☐ d. du maire
☐ e. de la police

2 – Indiquez la bonne réponse. Le secret professionnel est pour les professionnels de santé une obligation :

☐ a. absolue, sauf exceptions prévues par la loi
☐ b. contractuelle
☐ c. provisoire
☐ d. nominative
☐ e. conditionnelle

3 – Indiquez les bonnes réponses. Les droits de l'homme sont :

☐ a. des droits fondamentaux
☐ b. des droits subjectifs
☐ c. des recommandations
☐ d. des droits objectifs
☐ e. des droits spécifiques

4 – Indiquez les bonnes réponses. Quelles sont les différentes responsabilités juridiques encourues par les infirmiers(ères) ?

☐ a. la responsabilité morale
☐ b. la responsabilité pénale
☐ c. la responsabilité civile
☐ d. la responsabilité disciplinaire
☐ e. la responsabilité administrative

5 – Indiquez la bonne réponse. Au cours d'une hospitalisation, l'accès au dossier médical est possible par :

☐ a. le patient lui-même
☐ b. sa famille
☐ c. son médecin traitant
☐ d. ses héritiers
☐ e. son ou ses assureurs

6 – Indiquez les bonnes réponses. Quels sont les modes de curatelle qui existent ?

☐ a. une curatelle simple
☐ b. une curatelle permanente
☐ c. une curatelle renforcée
☐ d. une curatelle totale
☐ e. une curatelle aménagée

7 – Indiquez la bonne réponse. Dans quel code sont définis les actes professionnels des infirmiers(ères) ?

☐ a. le Code de la Sécurité sociale
☐ b. le Code du travail
☐ c. le Code de l'action sociale et des familles
☐ d. le Code de la santé publique
☐ e. le Code pénal

8 – Indiquez la bonne réponse. La conception, l'utilisation et la gestion du dossier de soins infirmiers relèvent du rôle infirmier :

☐ a. prescrit
☐ b. délégué
☐ c. propre
☐ d. en collaboration
☐ e. administratif

9 – Indiquez les bonnes réponses. Les directives anticipées du patient, pour le cas où il ne pourrait plus faire connaître sa volonté quant à ses soins :

☐ a. sont obligatoires pour chaque patient hospitalisé
☐ b. doivent obligatoirement être écrites par le patient lui-même
☐ c. sont valables 3 ans
☐ d. doivent être pris en compte par le corps médical
☐ e. peuvent être conservées en tout endroit choisi par le patient ou confiées par lui à un proche

10 – Indiquez les bonnes réponses. Les soins psychiatriques sans consentement peuvent être réalisés en :

☐ a. soins à domicile
☐ b. hospitalisation à domicile
☐ c. hospitalisation complète
☐ d. ambulatoire
☐ e. sorties à l'essai

11 – Indiquez la bonne réponse. Les informations concernant la personne sont réputées confiées par le malade à l'ensemble de l'équipe :

☐ a. quand le médecin traitant a donné son accord
☐ b. dans un établissement de santé uniquement

☐ c. en cas d'urgence
☐ d. quand le directeur de l'établissement a donné son accord
☐ e. pour les personnes majeures uniquement

12 – Indiquez la bonne réponse. L'ensemble des règles régissant l'exercice de certaines professions réglementées (médecins, avocats, infirmiers, etc.) s'appelle :

☐ a. l'éthique
☐ b. la morale
☐ c. la déontologie
☐ d. la responsabilité
☐ e. la discipline

13 – Indiquez la bonne réponse. Pour que la responsabilité civile de l'infirmier(ère) soit engagée, il faut qu'il ait commis :

☐ a. une erreur
☐ b. une faute
☐ c. un dommage
☐ d. un dommage entraîné par une faute
☐ e. un décès

14 – Indiquez la bonne réponse. Deux ou plusieurs professionnels de santé peuvent, dans certains cas, échanger des informations sur un même patient qu'ils prennent en charge, sauf quand l'une des personnes suivantes s'y oppose. Indiquez laquelle.

☐ a. le médecin traitant
☐ b. le directeur de l'établissement
☐ c. le patient dûment averti de cette possibilité
☐ d. la famille du patient
☐ e. la personne de confiance

15 – Indiquez les bonnes réponses. Les sorties de courte durée de patients psychiatriques hospitalisés sans consentement permettent de favoriser :

☐ a. la guérison
☐ b. la réadaptation
☐ c. la réinsertion sociale
☐ d. l'hospitalisation complète
☐ e. les soins à domicile

16 – Indiquez les bonnes réponses. La lutte contre les discriminations dans l'accès à la prévention et aux soins par les professionnels de santé repose sur :

☐ a. les bonnes pratiques professionnelles
☐ b. la Sécurité sociale
☐ c. les organisations professionnelles

☐ d. la loi
☐ e. les codes de déontologie quand ils existent

17 – Indiquez la bonne réponse. Les échanges d'informations, relatives à la prise en charge d'un patient, ont pour objet :

☐ a. d'assurer la continuité des soins
☐ b. d'échanger sur l'état de santé de la personne
☐ c. d'assurer la formation des professionnels
☐ d. de collecter des données dans le cadre de recherches médicales
☐ e. d'informer l'Agence régionale de santé (ARS)

18 – Indiquez la bonne réponse. Les règles professionnelles des infirmiers(ères) sont actuellement fixées par :

☐ a. une loi
☐ b. la partie réglementaire du Code de la santé publique
☐ c. la profession
☐ d. l'Ordre national des infirmiers
☐ e. le ministre chargé de la santé

19 – Indiquez les bonnes réponses. En psychiatrie, les sorties de courte durée sont :

☐ a. de 12 heures au maximum si elles sont accompagnées par des soignants
☐ b. de 10 jours au maximum si elles ne sont pas accompagnées
☐ c. prises sur décision du directeur d'établissement
☐ d. prises sans l'avis du psychiatre
☐ e. un préalable à toute levée de l'hospitalisation

20 – Indiquez la bonne réponse. Quelle est la sanction pénale condamnant la violation du secret professionnel ?

☐ a. un mois d'emprisonnement
☐ b. une interdiction d'exercer pendant 2 ans
☐ c. un an d'emprisonnement avec sursis et 1500 € d'amende
☐ d. un an d'emprisonnement et 15 000 € d'amende
☐ e. une amende de 15 000 €

Bilan du test

Le barème :

- Toutes les réponses à une question sont conformes : 1 point
- 1 réponse est non conforme : 0,5 point
- 2 réponses sont non conformes : 0,3 point
- 3 réponses ou plus sont non conformes : 0 point

Questions	Réponses	Points obtenus
1	a. – b. – c. – d.	
2	a.	
3	a. – b. – d.	
4	b. – c. – d.	
5	a.	
6	a. – c. – e.	
7	d.	
8	c.	
9	b. – c. – d. – e.	
10	a. – b. – c. – d.	
11	b.	
12	c.	
13	d.	
14	c.	
15	a. – b. – c.	
16	d. – e.	
17	a.	
18	b.	
19	a. – c.	
20	d.	
TOTAL		

Vous avez moins de 7/20 : l'essentiel n'est pas maîtrisé. Révisez vos cours avant de commencer l'entraînement.

Vous avez entre 7 et 10/20 : il faut poursuivre vos efforts. Vous avez déjà acquis certaines notions, mais celles-ci doivent être renforcées. Révisez les thèmes sur lesquels vous avez perdu des points avant de commencer l'entraînement.

Vous avez entre 11 et 15/20 : consolidez vos acquis. Vous êtes presque prêt ; poursuivez vos efforts en vous entraînant.

Vous avez plus de 15/20 : bravo ! Continuez à vous entraîner pour être au top le jour J !

ENTRAÎNEZ-VOUS

Entraînez-vous avec des QCM

Consignes : une ou plusieurs bonnes réponses sont attendues pour l'ensemble des questions.

1 – Lors d'une démarche éthique, les éléments à prendre en compte sont :

☐ a. l'avis des soignants

☐ b. les recommandations de la Haute autorité de santé
☐ c. l'avis du patient et de sa famille
☐ d. les protocoles de service
☐ e. la singularité du patient au regard de sa situation actuelle

2 – Les maisons départementales des personnes handicapées (MDPH) ont pour mission :

☐ a. l'accueil, l'information, l'accompagnement et le conseil pour les personnes handicapées et leurs familles
☐ b. le versement de l'allocation pour adulte handicapé
☐ c. la sélection d'emploi pour les personnes handicapées
☐ d. l'instruction des demandes de reconnaissance de droits dont peuvent bénéficier les personnes handicapées
☐ e. la sensibilisation de tous les citoyens au handicap

3 – Dans quel délai une personne (qui vient de sortir de l'établissement) peut-elle accéder, à sa demande, aux informations contenues dans son dossier médical ?

☐ a. un mois
☐ b. 15 jours
☐ c. un an
☐ d. 3 mois
☐ e. 8 jours

4 – L'application d'une contention physique à un patient :

☐ a. relève du rôle propre infirmier
☐ b. est réalisée sur prescription médicale
☐ c. doit être réévaluée toutes les 24 heures
☐ d. peut être illimitée dans le temps
☐ e. nécessite la tenue d'une feuille de surveillance

5 – Pour être valables, les prescriptions médicales ou infirmières doivent être :

☐ a. orales
☐ b. écrites
☐ c. datées
☐ d. signées
☐ e. protocolisées

6 – La consultation sur place des informations contenues dans son dossier médical est :

☐ a. payante en fonction du temps passé
☐ b. gratuite
☐ c. payante dans des conditions définies par voie réglementaire
☐ d. payante dans des conditions définies par l'établissement de santé
☐ e. remboursée par la Sécurité sociale sur la base d'une consultation médicale

7 – En cas de délit d'un(e) infirmier(ère) dans son exercice professionnel, une sanction pénale est prononcée par :

☐ a. l'employeur
☐ b. le tribunal administratif
☐ c. le tribunal de police
☐ d. le tribunal correctionnel
☐ e. le tribunal des affaires sociales

8 – La Déclaration universelle des droits de l'homme repose sur des principes :

☐ a. de liberté
☐ b. d'égalité
☐ c. de dignité
☐ d. de solidarité
☐ e. d'unité

9 – Quelles personnes l'infirmier(ère) est-il (elle) tenu(e) d'instruire de leurs obligations en matière de secret professionnel et de veiller à ce qu'elles s'y conforment ?

☐ a. ses collaborateurs
☐ b. les médecins traitants
☐ c. les représentants des assureurs
☐ d. les représentants de l'administration
☐ e. les employés des collectivités territoriales

10 – L'utilisation de contentions physiques a, sur le patient, des conséquences :

☐ a. physiques
☐ b. psychiques
☐ c. éthiques
☐ d. juridiques
☐ e. sociales

11 – Quelle est la définition d'un dilemme éthique ?

☐ a. le fait de croire que toute action peut se justifier
☐ b. un conflit entre le droit objectif et le droit subjectif
☐ c. l'expérience d'un idéal qui est en décalage avec la réalité
☐ d. le fait que deux décisions contradictoires pourraient se justifier
☐ e. le sentiment de culpabilité qui accompagne toute décision éthique

12 – À propos des actes que l'infirmier(ère) est habilité(e) à réaliser à condition qu'un médecin puisse intervenir à tout moment, vous retenez :

☐ a. la pose de timbres tuberculiniques et leur lecture
☐ b. des scarifications, injections et perfusions

☐ c. le prélèvement de sang artériel pour gazométrie
☐ d. l'ablation de cathéters centraux
☐ e. l'utilisation d'un défibrillateur manuel

13 – La Charte de la personne hospitalisée reconnaît au patient le droit de :

☐ a. refuser son consentement à des soins
☐ b. quitter l'établissement à tout moment
☐ c. pratiquer son culte au sein de l'hôpital
☐ d. recevoir des soins de qualité
☐ e. fumer dans l'établissement

14 – Quels sont les droits d'une personne admise en soins psychiatriques sans consentement ?

☐ a. prendre conseil d'un médecin ou d'un avocat de son choix
☐ b. aller et venir dans l'établissement
☐ c. émettre et recevoir des courriers
☐ d. recevoir des visites à sa convenance
☐ e. exercer son droit de vote

15 – En cas de faute professionnelle, la responsabilité civile de son auteur peut entraîner :

☐ a. une peine de prison
☐ b. une amende
☐ c. des dommages-intérêts au profit de la victime
☐ d. une interdiction d'exercice
☐ e. aucun de ces éléments

16 – Les missions de l'Ordre national des infirmiers sont :

☐ a. de contrôler l'accès à la profession
☐ b. de veiller au respect de la déontologie
☐ c. de veiller à développer la compétence des infirmiers(ères)
☐ d. de contribuer à la santé publique et la qualité des soins
☐ e. d'assurer la promotion de la profession

17 – La Charte de la personne hospitalisée est applicable en :

☐ a. établissement de santé
☐ b. consultation externe
☐ c. hospitalisation à domicile
☐ d. service d'urgence
☐ e. établissement médico-éducatif

18 – Une admission en soins psychiatriques sans consentement peut être prononcée :

☐ a. à la demande du médecin traitant
☐ b. à la demande d'un tiers ou en cas de péril imminent
☐ c. sur décision du représentant de l'État dans le département

☐ d. sur décision du médecin des urgences

☐ e. sur décision de tout soignant prenant en charge la personne

19 – Dans le cadre d'une fin de vie, l'arrêt des soins :

☐ a. doit faire l'objet d'une procédure collégiale

☐ b. doit prendre en compte l'avis de la famille

☐ c. doit prendre en compte l'avis de la personne de confiance

☐ d. est une décision familiale

☐ e. ne prend en compte que l'avis du patient

20 – Le rôle propre infirmier :

☐ a. est une compétence autonome de l'infirmier(ère)

☐ b. est exercé sur prescription médicale

☐ c. peut être assuré avec la collaboration d'un aide-soignant

☐ d. peut être délégué à un aide-soignant

☐ e. n'est pas encadré par les textes professionnels

21 – La Charte de la personne hospitalisée s'applique :

☐ a. aux visiteurs

☐ b. aux personnels de l'établissement

☐ c. à tous

☐ d. seulement aux personnes majeures

☐ e. aux personnes hospitalisées

22 – Le collège chargé de donner son avis au juge des libertés sur la mainlevée immédiate d'une mesure de soins psychiatriques sans consentement est composé :

☐ a. d'un psychiatre de l'établissement participant à la prise en charge du patient

☐ b. du médecin traitant du patient

☐ c. du psychiatre libéral assurant le suivi du patient le cas échéant

☐ d. d'un psychiatre de l'établissement ne participant pas à la prise en charge du patient

☐ e. d'un représentant de l'équipe pluridisciplinaire participant à la prise en charge du patient

23 – Vis-à-vis des patients, l'infirmier(ère) a une obligation de :

☐ a. moyens

☐ b. résultats

☐ c. suivi

☐ d. traitement

☐ e. diagnostic

24 – L'infirmier(ère) a le droit de prescrire :

☐ a. tous les dispositifs médicaux

☐ b. une liste limitée de dispositifs médicaux

☐ c. certains contraceptifs oraux
☐ d. des prescriptions soumises à certaines conditions réglementaires
☐ e. le renouvellement du vaccin antigrippal

25 – Selon la Charte de la personne hospitalisée :

☐ a. le patient ne peut pas choisir le praticien qui le prendra en charge
☐ b. l'information donnée au patient doit être accessible et loyale
☐ c. un acte médical peut être réalisé sans le consentement du patient
☐ d. le respect de la vie privée est garanti à toute personne hospitalisée
☐ e. la personne hospitalisée a un accès direct aux informations la concernant

26 – Quelle est la différence entre éthique et droit ?

☐ a. l'éthique met des limites et le droit autorise
☐ b. l'éthique a une valeur supérieure au droit
☐ c. l'éthique valide les données de la recherche scientifique ; le droit en établit les limites
☐ d. l'éthique aide à résoudre des cas particuliers ; le droit établit un cadre de référence général
☐ e. le droit autorise, impose ou interdit ; l'éthique s'efforce de répondre à la question : comment agir au mieux pour les personnes concernées ?

27 – Quelles responsabilités visent à réparer des dommages ?

☐ a. la responsabilité civile
☐ b. la responsabilité administrative
☐ c. la responsabilité pénale
☐ d. la responsabilité disciplinaire
☐ e. la responsabilité ordinale

28 – La Charte des droits et libertés de la personne âgée en situation de handicap ou de dépendance promeut :

☐ a. la préservation de l'autonomie
☐ b. la fin de vie
☐ c. la liberté d'expression et de conscience
☐ d. la limitation du périmètre d'activité
☐ e. l'absence du choix de vie

29 – En responsabilité civile, au bout de combien d'années les fautes sont-elles prescrites ?

☐ a. 10 ans
☐ b. 15 ans
☐ c. 20 ans
☐ d. 30 ans
☐ e. 40 ans

30 – Quelles sont les conditions légales pour pouvoir exercer la profession d'infirmier(ère) ?

☐ a. être titulaire du diplôme d'État d'infirmier français ou d'une qualification étrangère reconnue équivalente

☐ b. être âgé de 21 ans au moins

☐ c. être de nationalité française

☐ d. se faire enregistrer auprès de la délégation départementale de l'Agence régionale de santé

☐ e. obtenir son inscription au tableau de l'Ordre national des infirmiers, par le conseil départemental de cet Ordre

31 – Le principe de dignité :

☐ a. ne peut être invoqué si la personne dont il est question a librement consenti à subir un traitement dégradant

☐ b. interdit de traiter l'être humain comme un objet ou un animal

☐ c. concerne seulement les personnes vivantes

☐ d. s'applique aussi aux personnes défuntes

☐ e. est absent de la réglementation juridique

32 – À propos des modalités de formation infirmière définies par l'arrêté du 29 juillet 2009, vous retenez la présence :

☐ a. des conditions d'accès à la formation

☐ b. du mode de financement de la formation

☐ c. des crédits européens exigés pour valider la formation, et leur acquisition

☐ d. du portfolio et des crédits de stage

☐ e. du contenu de la formation

33 – La liste des actes pouvant être réalisés par les infirmiers(ères) est fixée par :

☐ a. une loi

☐ b. un article du Code de la santé publique issu d'un décret

☐ c. une circulaire

☐ d. un arrêté

☐ e. l'Ordre national des infirmiers

34 – Dans le cadre de son rôle propre, l'infirmier(ère) peut – sous sa responsabilité – réaliser des actes en collaboration avec des :

☐ a. psychologues

☐ b. aides-soignants

☐ c. kinésithérapeutes

☐ d. aides médico-psychologiques

☐ e. auxiliaires de puériculture

35 – Le principe de dignité concerne :

☐ a. tous les êtres vivants

☐ b. tous les êtres humains

☐ c. uniquement les personnes privées de liberté

☐ d. uniquement les personnes vulnérables
☐ e. uniquement les personnes mineures

36 – L'Ordre des infirmiers doit regrouper tous les infirmiers(ères), sauf une catégorie. Laquelle ?

☐ a. les infirmiers hospitaliers
☐ b. les infirmiers libéraux
☐ c. les infirmiers spécialisés
☐ d. les infirmiers militaires
☐ e. les infirmiers sapeurs-pompiers

37 – L'exercice illégal de l'art infirmier et l'usurpation du titre d'infirmier sont punis par :

☐ a. le Code civil
☐ b. le Code pénal
☐ c. le Code du commerce
☐ d. le Code de la Sécurité sociale
☐ e. le Code de la santé publique

38 – Quels sont les soins qui relèvent du rôle propre infirmier ?

☐ a. l'injection du vaccin antigrippal
☐ b. les protocoles de soins d'urgence
☐ c. les soins liés aux fonctions d'entretien et de continuité de la vie
☐ d. l'administration de la contraception orale d'urgence
☐ e. les prescriptions médicales

39 – Selon la loi du 11 février 2005 pour l'égalité des droits et des chances, la participation et la citoyenneté des personnes handicapées, quel droit est reconnu aux enfants ?

☐ a. bénéficier de soins adaptés en établissement de santé
☐ b. avoir accès en priorité aux soins
☐ c. avoir accès à des établissements scolaires spécialisés
☐ d. être inscrit à l'école quel que soit le handicap
☐ e. bénéficier d'un aménagement d'horaire en établissement scolaire

40 – Le droit de mourir :

☐ a. autorise l'assistance à la mort naturelle
☐ b. autorise l'acharnement thérapeutique
☐ c. autorise l'assistance au suicide
☐ d. n'autorise pas l'accès aux soins palliatifs
☐ e. autorise l'accès aux soins palliatifs

41 – Une personne peut, sans son consentement, faire l'objet de soins psychiatriques quand :

☐ a. elle est inconsciente
☐ b. le médecin des urgences le décide

☐ c. elle souffre d'une des maladies mentales dont la liste est définie dans un arrêté

☐ d. elle nécessite des soins urgents mais elle s'y oppose

☐ e. ses troubles mentaux rendent impossible son consentement et son état mental impose des soins immédiats assortis d'une surveillance médicale constante

42 – Les infirmiers(ères) exerçant en maison départementale des personnes handicapées (MDPH) ont pour mission :

☐ a. d'évaluer les besoins en matière de prise en charge de soins infirmiers en relation avec le médecin de la MDPH et l'équipe pluridisciplinaire

☐ b. d'assurer les soins infirmiers nécessaires sur place

☐ c. d'assurer les soins infirmiers nécessaires au domicile des personnes handicapées

☐ d. de coordonner les intervenants soignants au domicile de la personne handicapée

☐ e. d'ouvrir les droits aux soins de la personne handicapée

43 – Dans le cadre de son rôle propre, l'infirmier(ère) :

☐ a. pose un diagnostic infirmier

☐ b. rédige des prescriptions

☐ c. formule des objectifs de soins infirmiers

☐ d. met en œuvre des actions de soins infirmiers

☐ e. réalise leur évaluation

44 – Une personne sous curatelle :

☐ a. perd son droit de vote

☐ b. a une incapacité civile complète

☐ c. est assistée par un curateur pour l'administration de ses biens

☐ d. n'est pas protégée

☐ e. est assistée par un tuteur pour l'administration de ses biens

45 – Quelle responsabilité de l'infirmier peut-elle être couverte par une assurance ?

☐ a. la responsabilité civile

☐ b. la responsabilité administrative

☐ c. la responsabilité pénale

☐ d. la responsabilité disciplinaire

☐ e. la responsabilité ordinale

46 – Les valeurs morales comprennent notamment :

☐ a. la dignité de la personne

☐ b. le respect des horaires

☐ c. le respect des règles d'hygiène

☐ d. la protection contre les violences

☐ e. les règles professionnelles

■ 47 – Lorsqu'une personne est admise en soins psychiatriques sans son consentement, elle fait l'objet d'une période initiale d'observation et de soins :

☐ a. en hospitalisation complète
☐ b. d'au moins un mois à partir du jour de la demande
☐ c. en secteur pénitentiaire
☐ d. aux urgences psychiatriques
☐ e. d'au moins une semaine à partir du jour de l'admission

■ 48 – La loi du 11 février 2005 pour l'égalité des droits et des chances, la participation et la citoyenneté des personnes handicapées définit plusieurs objectifs. Lesquels ?

☐ a. la création d'un droit à compensation pour prendre en charge le handicap
☐ b. l'intégration scolaire
☐ c. l'insertion professionnelle
☐ d. une limitation de l'accessibilité aux espaces publics
☐ e. la simplification administrative avec la maison départementale des personnes handicapées

■ 49 – L'infirmier(ère) est autorisé(e) à prendre des initiatives et accomplir des soins qu'il (elle) juge nécessaires :

☐ a. dans le cadre de son rôle propre
☐ b. uniquement en présence du médecin
☐ c. uniquement en établissement de santé
☐ d. dans le cadre de son rôle sur prescription médicale
☐ e. dans le cadre d'un protocole de soins daté et signé par le médecin compétent

■ 50 – Une personne faisant l'objet de soins psychiatriques avec son consentement pour des troubles mentaux dispose :

☐ a. d'un droit de visite défini par le médecin psychiatre qui la suit
☐ b. d'un suivi médical particulier décidé avec le médecin lors de son admission
☐ c. des mêmes droits d'exercice des libertés individuelles que ceux qui sont reconnus aux malades soignés pour une autre cause
☐ d. obligatoirement d'une chambre seule
☐ e. de la possibilité de garder ses affaires personnelles en fonction de l'avis du médecin

■ 51 – Dans l'ordre juridique français interne, la norme suprême est :

☐ a. la loi
☐ b. la Convention européenne des Droits de l'homme
☐ c. la Constitution
☐ d. les traités internationaux ratifiés par la France
☐ e. les chartes

52 – Selon la Charte de l'enfant hospitalisé :

☐ a. il faut limiter au maximum l'hospitalisation de l'enfant

☐ b. l'équipe soignante n'a pas l'obligation d'être formée à la prise en charge des enfants

☐ c. les enfants peuvent être admis dans des services adultes

☐ d. les parents ne peuvent rester la nuit auprès de leur enfant

☐ e. il y a une limite d'âge inférieure pour les visiteurs

53 – En cas de pronostic grave, sauf opposition du malade, les personnes pouvant être informées sont :

☐ a. la famille

☐ b. les amis

☐ c. l'entourage

☐ d. la belle-famille

☐ e. la personne de confiance

54 – Quel juge les patients faisant l'objet de soins sans consentement doivent-ils rencontrer ?

☐ a. un juge pénal

☐ b. un juge de la liberté et de la détention

☐ c. un juge civil

☐ d. un juge administratif

☐ e. un juge familial

55 – Dans le cadre de la fin de vie, la procédure collégiale :

☐ a. est mise en œuvre à l'initiative du médecin

☐ b. fait appel à un médecin extérieur au service

☐ c. prend en compte l'avis de la personne de confiance

☐ d. amène à une décision irrévocable

☐ e. n'est pas obligatoire

56 – Les informations pouvant être données au patient par l'infirmier(ère) sont :

☐ a. le diagnostic médical

☐ b. l'état de santé actuel du patient

☐ c. l'évolution de la maladie

☐ d. les examens du jour à réaliser

☐ e. les droits du patient

57 – Pour l'application de la Convention internationale relative aux droits de l'enfant, un enfant est un être humain âgé de moins de :

☐ a. 8 ans

☐ b. 12 ans

☐ c. 15 ans et 3 mois

☐ d. 18 ans

☐ e. 20 ans

58 – L'hospitalisation en soins psychiatriques d'une personne détenue atteinte de troubles mentaux est réalisée :

☐ a. dans un établissement de santé universitaire uniquement
☐ b. dans un établissement de santé pénitentiaire uniquement
☐ c. au sein d'une unité hospitalière spécialement aménagée à cet effet
☐ d. dans un établissement de santé spécialisé en psychiatrie uniquement
☐ e. en hospitalisation de jour uniquement

59 – Le secret professionnel concerne :

☐ a. l'ensemble des informations de la vie privée du patient
☐ b. uniquement les informations relatives à l'état physique du patient
☐ c. uniquement les informations relatives à l'état psychique du patient
☐ d. l'ensemble des informations transmises par le patient
☐ e. les informations obtenues par des tiers

60 – Les règles professionnelles énoncent :

☐ a. des jurisprudences
☐ b. des règles techniques
☐ c. des principes éthiques
☐ d. des obligations conventionnelles
☐ e. des principes déontologiques

61 – En France, les Droits de l'homme sont inscrits dans :

☐ a. le préambule de la Constitution
☐ b. une loi
☐ c. un décret
☐ d. un arrêté
☐ e. une circulaire

62 – Le secret professionnel :

☐ a. cesse au décès du patient
☐ b. ne s'impose pas aux étudiants infirmiers
☐ c. comprend ce qui a été lu, vu et entendu ou compris
☐ d. est sanctionné pénalement
☐ e. est sanctionné disciplinairement

63 – Le programme de soins établi par le psychiatre pour une personne nécessitant des soins psychiatriques sans consentement comporte obligatoirement :

☐ a. l'avis du patient sur les modalités des soins qui lui sont destinés
☐ b. le nom du médecin traitant
☐ c. des indications sur la nature et les manifestations des troubles mentaux dont souffre le patient
☐ d. les observations cliniques du psychiatre
☐ e. les types de soins, leur périodicité et les lieux de leur réalisation

64 – Quelle responsabilité peut entraîner de la prison et/ou une amende ?

- ☐ a. la responsabilité civile
- ☐ b. la responsabilité administrative
- ☐ c. la responsabilité pénale
- ☐ d. la responsabilité disciplinaire
- ☐ e. la responsabilité ordinale

65 – En cas de décès du patient, les ayants droit peuvent consulter son dossier médical pour :

- ☐ a. connaître les soins pratiqués
- ☐ b. connaître les causes de sa mort
- ☐ c. faire valoir leurs droits
- ☐ d. connaître le nom de la personne de confiance
- ☐ e. défendre la mémoire du défunt

66 – La Charte des droits et libertés de la personne âgée en situation de handicap ou de dépendance s'applique :

- ☐ a. à toute personne âgée résidant en établissement d'hébergement pour personnes âgées dépendantes (EHPAD)
- ☐ b. à toute personne âgée devenue handicapée ou dépendante résidant en EHPAD
- ☐ c. à toute personne âgée devenue handicapée ou dépendante
- ☐ d. à toute personne âgée nécessitant une aide à domicile
- ☐ e. à toute personne âgée devenue handicapée ou dépendante hospitalisée

67 – Quels sont les éléments que les professionnels prenant en charge une personne nécessitant des soins psychiatriques sans consentement sont tenus de rechercher et de prendre en considération ?

- ☐ a. la satisfaction de la personne
- ☐ b. l'avis de cette personne sur les modalités des soins qui lui sont destinés
- ☐ c. l'avis de la famille sur les modalités des soins
- ☐ d. l'avis du médecin traitant sur les modalités de sortie à prévoir
- ☐ e. l'avis du juge sur les modalités des soins

68 – La personne de confiance :

- ☐ a. est choisie librement par le patient
- ☐ b. peut assister aux entretiens médicaux du patient
- ☐ c. peut avoir accès au dossier du patient
- ☐ d. ne peut pas prendre certaines décisions au nom du patient
- ☐ e. est obligatoire

69 – Les fautes disciplinaires peuvent être poursuivies par :

- ☐ a. le procureur de la République
- ☐ b. l'employeur
- ☐ c. la victime

☐ d. le juge du tribunal de grande d'instance
☐ e. l'Ordre des infirmiers

70 – La Déclaration universelle des droits de l'homme a une valeur :
☐ a. juridique
☐ b. éthique
☐ c. déontologique
☐ d. déclarative (morale)
☐ e. sociale

71 – L'information délivrée au patient doit être :
☐ a. intelligible
☐ b. loyale
☐ c. appropriée
☐ d. écrite
☐ e. technique

72 – Une personne qui doit être protégée en raison d'une altération importante et continue de ses facultés est placée :
☐ a. sous tutelle
☐ b. sous curatelle
☐ c. sous sauvegarde de justice
☐ d. sous mandat de protection future
☐ e. sous contrainte

73 – Les actes et activités infirmiers contribuent à la santé :
☐ a. communautaire
☐ b. publique
☐ c. primaire
☐ d. globale
☐ e. universelle

74 – À l'hôpital, le secret professionnel :
☐ a. est opposable au patient
☐ b. est opposable au conjoint
☐ c. est opposable à la famille
☐ d. est opposable à l'équipe soignante
☐ e. peut être levé pour informer certaines autorités désignées par la loi

75 – La Déclaration universelle des droits de l'homme émane d'une résolution :
☐ a. de l'Assemblée générale des Nations Unies
☐ b. de l'Assemblée nationale
☐ c. du Parlement européen
☐ d. du Sénat
☐ e. du Parlement français

76 – Le juge des libertés et de la détention peut ordonner la mainlevée immédiate d'une mesure de soins psychiatriques sans consentement après l'avis d'un collège de trois membres du personnel de l'établissement. Quels sont ces personnels ?

- ☐ a. uniquement des médecins
- ☐ b. uniquement des psychiatres
- ☐ c. des psychiatres et autres membres de l'équipe soignante
- ☐ d. des personnels désignés par le juge
- ☐ e. des personnels appartenant à la direction de l'établissement

77 – Parmi les motifs d'autorisation de levée du secret professionnel, on retrouve :

- ☐ a. l'information de la famille
- ☐ b. l'information des assurances
- ☐ c. la préservation de la santé publique
- ☐ d. la préservation de l'ordre public
- ☐ e. la protection des personnes

78 – La prescription infirmière :

- ☐ a. est décidée par une prescription médicale
- ☐ b. est possible pour tous les actes, traitements et soins infirmiers
- ☐ c. est possible uniquement pour les infirmiers libéraux
- ☐ d. n'est pas limitée dans le temps
- ☐ e. est un renouvellement de certaines prescriptions médicales

79 – La Déclaration universelle des droits de l'homme a été adoptée à Paris, le :

- ☐ a. 10 décembre 1938
- ☐ b. 10 décembre 1948
- ☐ c. 10 décembre 1958
- ☐ d. 10 décembre 1968
- ☐ e. 10 décembre 1978

80 – La violation du secret professionnel peut être portée devant la juridiction :

- ☐ a. pénale
- ☐ b. des prud'hommes
- ☐ c. civile
- ☐ d. disciplinaire
- ☐ e. publique

81 – L'utilisation d'un défibrillateur manuel est un acte :

- ☐ a. du rôle propre
- ☐ b. du rôle prescrit
- ☐ c. du rôle prescrit à condition qu'un médecin puisse intervenir à tout moment
- ☐ d. du rôle prescrit en présence d'un médecin
- ☐ e. médical

82 – Une sanction disciplinaire peut être :

☐ a. un avertissement
☐ b. une amende financière
☐ c. une peine de prison
☐ d. une rétrogradation
☐ e. une interdiction d'exercice

83 – La demande d'accès au dossier médical doit être adressée :

☐ a. au soignant du service
☐ b. au cadre de santé
☐ c. à médecin du service
☐ d. au directeur d'établissement
☐ e. à la commission de relations avec les usagers de l'établissement

84 – Dans le cadre de la réalisation de soins, la personne mineure :

☐ a. doit avoir l'accord de l'autorité parentale
☐ b. a le droit aux informations la concernant
☐ c. doit toujours être accompagnée par une personne majeure de son choix
☐ d. peut s'opposer à la communication de son dossier médical à ses parents
☐ e. doit donner son consentement avant la réalisation des soins

85 – Le Parlement vote :

☐ a. les lois
☐ b. les décrets
☐ c. les circulaires
☐ d. les arrêtés
☐ e. les ordonnances

Réponses aux QCM

1 – c. – e.

2 – a. – d. – e.

3 – e. – Si c'est un dossier remontant à plus de 5 ans, le délai est porté à 2 mois.

4 – b. – c. – e.

5 – b. – c. – d.

6 – b. – Le patient peut demander que son dossier lui soit envoyé par voie postale mais, dans ce cas, le coût des copies et de l'envoi sera à sa charge.

7 – d.

8 – a. – b. – c.

9 – a.

10 – a. – b. – c. – e.

11 – d.

12 – d. – e.

13 – a. – b. – c. – d.

14 – a. – c. – e.
15 – c.
16 – a. – b. – c. – d. – e.
17 – a. – b. – c. – d.
18 – b. – c.
19 – a. – b. – c.
20 – a. – c.
21 – a. – b. – e.
22 – a. – d. – e.
23 – a.
24 – b. – c. – d.
25 – b. – d. – e.
26 – e.
27 – a. – b. – On parle de responsabilité civile pour les établissements privés et de responsabilité administrative pour les établissements publics.
28 – a. – c.
29 – a.
30 – a. – d. – e.
31 – b. – d.
32 – a. – c. – d. – e.
33 – b.
34 – b. – d. – e.
35 – b.
36 – d.
37 – b.
38 – a. – c. – d.
39 – d.
40 – a. – e.
41 – e.
42 – a.
43 – a. – c. – d.-e.
44 – c.
45 – a. Il n'existe pas pour l'infirmier de responsabilité administrative.
46 – a.
47 – a.
48 – a. – b. – c. – e.
49 – a. – d. – e.
50 – c.
51 – c.
52 – a.

53 – a. – c. – e.
54 – b.
55 – a. – b. – c.
56 – b. – d. – e.
57 – d. – Toutefois, les services de pédiatrie des établissements hospitaliers accueillent des enfants et adolescents jusqu'à l'âge de 15 ans et 3 mois.
58 – c.
59 – a. – d. – e.
60 – e.
61 – a.
62 – c. – d. – e.
63 – e.
64 – c.
65 – b. – c. – e.
66 – c.
67 – b.
68 – a. – b. – Les établissements de santé ont l'obligation de proposer aux patients de désigner une personne de confiance.
69 – b. – e.
70 – d.
71 – a. – b. – c.
72 – a.
73 – b.
74 – b. – c. – e
75 – a.
76 – c.
77 – c. – d. – e.
78 – e.
79 – b.
80 – a. – c. – d. – Les actions étant indépendantes, elles peuvent être réalisées en même temps.
81 – c. (Article R 4311-9 du Code de la santé publique)
82 – a. – d. – e.
83 – d.
84 – b. – c. – d. – e.
85 – a. La loi est votée par les députés et les sénateurs, c'est ce qui constitue le Parlement.

Entraînez-vous avec des QROC

1 – Définissez le secret professionnel.

2 – À sa sortie d'hospitalisation, Mme X. vous demande une copie de son dossier médical. Que lui répondez-vous ? Argumentez votre réponse.

3 – Expliquez ce qu'est une « personne de confiance » et son rôle.

4 – Pour les soins psychiatriques, quel est le rôle du juge des libertés et de la détention ?

....

....

....

....

....

5 – Citez cinq principes de la charte du patient hospitalisé.

....

....

....

....

....

....

....

....

6 – Définissez le rôle propre de l'infirmier(ère).

....

....

....

....

....

....

....

....

7 – Définissez et expliquez le secret partagé.

....

....

....

....

....

....

....

....

8 – Qui peut consulter un dossier médical et quels éléments de ce dossier sont consultables ?

....

....

....

....

....

....

....

....

9 – Cochez, dans le tableau ci-dessous, les actes relevant du rôle propre et ceux du rôle prescrit.

	Rôle propre	Rôle prescrit
La pose de dispositifs d'immobilisation		
La glycémie capillaire		
L'utilisation d'un défibrillateur automatisé externe		
La pose de bandages de contention		
La ventilation manuelle instrumentale par masque		
La pose et la lecture de timbres tuberculiniques		
Le prélèvement de sang par ponction artérielle pour gazométrie		
Le recueil aseptique des urines		

10 – Citez et définissez les modes d'hospitalisation en psychiatrie que vous connaissez.

....

....

....

....

....

....

....

....

11 – Citez et définissez les différentes responsabilités juridiques auxquelles les infirmiers(ères) peuvent avoir à faire face dans leur exercice professionnel.

....

....

....

....

....

....

....

....

12 – Définissez la notion de réflexion éthique.

....

....

....

....

....

....

....

....

13 – Quelles sont les différences entre tutelle et curatelle ?

....

....

....

....

....

....

....

....

Réponses aux QROC

1

Le secret professionnel interdit à certaines personnes de révéler les informations dont elles ont eu connaissance à l'occasion de leur profession. Ce secret concerne tout ce qui a été vu, lu, compris ou déduit, c'est-à-dire :

- les faits confiés par le patient ou appris de son entourage ;
- les faits ou circonstances en rapport avec l'état du patient, tout ce qui touche à sa maladie (traitement, pronostic, etc.) ;
- tout élément de sa vie privée.

La violation du secret professionnel peut entraîner des sanctions pénale, civile (en cas de préjudice pour le patient et/ou ses proches) et/ou disciplinaire. Les infirmiers(ères) sont tenu(e)s personnellement au secret professionnel. En outre, ils (elles) doivent s'assurer que leurs collaborateurs (étudiants, aides-soignants, etc.) le respectent également.

2

Selon la loi du 4 mars 2002 relative aux droits des malades et à la qualité du système de santé, toute personne a le droit d'accéder à l'ensemble des informations concernant sa santé détenues par des professionnels ou des établissements de santé. Néanmoins, cet accès au dossier médical doit respecter certaines formalités :

- Mme X. doit faire une demande écrite au directeur de l'établissement, en incluant une photocopie de sa carte d'identité et en précisant si elle souhaite la communication sur place ou que le dossier lui soit adressé par voie postale ;
- le directeur doit vérifier son identité ;
- il doit lui communiquer l'ensemble des pièces du dossier médical dans les 8 jours si c'est un dossier récent. Si le dossier date de 5 ans ou plus, le délai est porté à 2 mois ;
- la consultation du dossier peut être réalisée sur place et, dans ce cas, elle est gratuite. Si la patiente souhaite se le faire envoyer, le coût des photocopies et de l'envoi lui sera facturé.

3

Une « personne de confiance » est une personne qu'un patient majeur peut désigner pour l'assister dans ses démarches administratives au sein de l'établissement de santé, et le conseiller dans la prise de ses décisions médicales. La personne de confiance peut assister aux entretiens mais pas aux examens médicaux. Dans le cas où le patient serait hors d'état d'exprimer sa volonté, c'est l'avis de la personne de confiance qui serait demandé.

C'est le patient qui décide de l'étendue des rôles confiés à la personne de confiance. Les missions de la personne de confiance cessent automatiquement en cas de décès du patient.

Les établissements de santé ont l'obligation d'inviter le patient à désigner une personne de confiance.

■ 4

La loi n° 2011-803 du 5 juillet 2011, relative aux droits et à la protection des personnes faisant l'objet de soins psychiatriques et aux modalités de leur prise en charge, a positionné le juge des libertés et de la détention (JLD) comme le garant du bien-fondé et du maintien de soins psychiatriques sans consentement. Ainsi, tout patient, hospitalisé ou bénéficiant de soins contre son gré, doit être vu par le JLD dans les 15 jours suivant l'admission, puis tous les 6 mois. Celui-ci vérifie qu'il a bien été saisi dans les temps, que les certificats médicaux exigés par la loi sont présents dans le dossier et que la procédure d'hospitalisation ou de soins sans consentement a été régulière. À défaut, le JLD peut suspendre les soins : on parle alors de mainlevée. À noter que, comme toutes les décisions de justice, la décision du JLD est susceptible d'appel.

■ 5

La charte du patient hospitalier comporte 11 principes.

- « Toute personne est libre de choisir l'établissement de santé qui la prendra en charge, dans la limite des possibilités de chaque établissement.
- Les établissements de santé garantissent la qualité de l'accueil, des traitements et des soins. Ils sont attentifs au soulagement de la douleur et mettent tout en œuvre pour assurer à chacun une vie digne, avec une attention particulière à la fin de vie.
- L'information donnée au patient doit être accessible et loyale.
- Un acte médical ne peut être pratiqué qu'avec le consentement libre et éclairé du patient.
- Un consentement spécifique est prévu, notamment, pour les personnes participant à une recherche biomédicale, pour le don et l'utilisation des éléments et produits du corps humain et pour les actes de dépistage.
- Une personne à qui il est proposé de participer à une recherche biomédicale est informée, notamment, sur les bénéfices attendus et les risques prévisibles. Son accord est donné par écrit.
- La personne hospitalisée peut, sauf exceptions prévues par la loi, quitter à tout moment l'établissement après avoir été informée des risques éventuels auxquels elle s'expose.
- La personne hospitalisée est traitée avec égards. Ses croyances sont respectées. Son intimité est préservée ainsi que sa tranquillité. Le respect de la vie privée est garanti à toute personne ainsi que la confidentialité des informations personnelles, administratives, médicales et sociales qui la concernent.
- La personne hospitalisée (ou ses représentants légaux) bénéficie d'un accès direct aux informations de santé la concernant. Sous certaines conditions, ses ayants droit en cas de décès bénéficient de ce même droit.
- La personne hospitalisée peut exprimer des observations sur les soins et sur l'accueil qu'elle a reçus.
- Toute personne dispose du droit d'être entendue par un responsable de l'établissement pour exprimer ses griefs et de demander réparation des préjudices qu'elle estimerait avoir subis. »

6

Le rôle propre consiste dans les actes que peut réaliser l'infirmier(ère) de sa propre initiative après avoir évalué une situation. C'est l'article R. 4311-5 du Code de la santé publique qui énumère ces actes.

Le rôle propre se distingue du rôle prescrit, qui, lui, consiste dans les actes réalisables par l'infirmier(ère) en application d'une prescription médicale.

7

L'expression « secret partagé » ne figure pas explicitement dans les textes. Néanmoins, la loi du 4 mars 2002 relative aux droits des patients et à la qualité du système de santé a énoncé les règles suivantes (article L. 1110-4 du Code de la santé publique) :

- les échanges d'informations entre deux ou plusieurs professionnels de santé sont autorisés afin d'assurer la continuité des soins et la meilleure prise en charge sanitaire possible du malade, sauf si celui-ci, dûment averti, s'y oppose ;
- dans un établissement de santé, les informations confiées par un malade à un membre de l'équipe qui le prend en charge sont réputées être confiées à l'ensemble de cette équipe.

En outre, selon le même article de loi, des échanges avec la famille sur la santé du patient sont possibles, sauf opposition de sa part, si les informations délivrées leur permettent d'apporter un soutien direct au patient.

8

Plusieurs personnes peuvent consulter le dossier médical d'un patient. Il s'agit :

- du patient lui-même ;
- de son représentant légal si le patient est mineur ou majeur sous tutelle (une personne sous curatelle peut consulter elle-même son dossier) ;
- de son médecin si le patient ou son représentant légal l'a choisi comme intermédiaire ;
- de ses héritiers après son décès, sous réserve qu'ils indiquent le motif de leur demande, et sauf volonté contraire exprimée par le patient avant son décès.

Le dossier médical doit être constitué de trois parties, dont seules les deux premières sont communicables au demandeur :

- la première partie doit contenir les informations recueillies lors des consultations externes dispensées dans l'établissement, au service des urgences, au moment de l'admission et au cours du séjour hospitalier ;
- la deuxième partie doit contenir les informations formalisées établies à la fin du séjour ;
- la troisième partie doit contenir éventuellement les informations recueillies auprès de tiers n'intervenant pas dans la prise en charge thérapeutique, ou des informations concernant ces tiers.

■ 9

	Rôle propre	Rôle prescrit
La pose de dispositifs d'immobilisation		x
La glycémie capillaire	x	
L'utilisation d'un défibrillateur automatisé externe	x	
La pose de bandages de contention		x
La ventilation manuelle instrumentale par masque	x	
La pose et la lecture de timbres tuberculiniques	x	
Le prélèvement de sang par ponction artérielle pour gazométrie		x
Le recueil aseptique des urines		x

■ 10

Il existe trois modalités d'hospitalisation en psychiatrie :

- l'hospitalisation libre (HL) : c'est le type d'hospitalisation à privilégier. Le patient accepte son hospitalisation, après un éventuel avis du médecin traitant. Il bénéficie de la liberté d'aller et venir au sein de l'établissement ;
- l'admission à la demande d'un tiers (ADT) : si l'état mental d'une personne rend impossible son consentement à son hospitalisation et nécessite des soins et une surveillance médicale constante, un tiers peut demander l'hospitalisation de cette personne dans un service de psychiatrie. Il doit justifier de relations antérieures avec la personne, qui lui donnent la qualité pour agir dans son intérêt. Le tiers peut être un conjoint, un membre de sa famille, un proche, un tuteur, etc. La décision d'hospitalisation est accompagnée de deux certificats médicaux circonstanciés datant de moins de 15 jours, dont un rédigé par un médecin n'exerçant pas dans l'établissement d'accueil. Néanmoins, lorsque la recherche d'un tiers s'avère impossible, et en cas de péril imminent pour la personne, une admission peut être demandée sur la base d'un seul certificat médical ;
- l'admission d'office décidée par représentant de l'État, c'est-à-dire le préfet (ADRE) : une personne atteinte de troubles mentaux compromettant l'ordre public ou la sécurité des personnes peut être admise en soins psychiatriques en vertu d'une telle décision s'il y a danger pour elle ou pour autrui. L'hospitalisation d'office est prononcée :
  - par un arrêté préfectoral pris sur la base d'un certificat médical circonstancié impérativement rédigé par un psychiatre ;
  - ou par un arrêté du maire de la commune en cas de danger imminent pour la sûreté des personnes, sur la base d'un certificat médical. Le maire doit en référer dans les 24 heures au préfet. Si la mesure n'est pas confirmée par un arrêté préfectoral dans les 48 heures, elle devient caduque.

■ 11

Chaque professionnel de santé est tenu de répondre de ses actes. L'infirmier(ère) peut voir différentes responsabilités engagées :

- **la responsabilité pénale** : elle fonde une action de la société contre l'auteur de faits considérés comme répréhensibles par le Code pénal. La sanction peut être une amende qui sera versée à l'État et/ou une peine de prison (ferme ou avec sursis). Pour que la responsabilité pénale soit engagée, il faut trois éléments réunis : l'élément légal (une disposition du Code pénal), l'élément matériel (le fait commis) et l'élément moral (une intention de nuire) ;
- **la responsabilité civile** : elle fonde une action de la victime ou de ses ayants droit contre l'auteur des faits. L'objectif est de demander une indemnisation pour compenser le préjudice subi. Cette indemnisation est supportée par l'assurance de l'établissement de santé ou du professionnel libéral. Les éléments nécessaires pour engager la responsabilité civile sont un dommage, une faute et un lien de causalité entre le deux ;
- **la responsabilité disciplinaire** : elle fonde une action de l'employeur et/ou de l'Ordre professionnel à l'encontre de l'infirmier(ère). Cette responsabilité vise à sanctionner un manquement à une règle professionnelle des infirmiers(ères) ou à une disposition du statut des fonctionnaires (dans le secteur public) ou à une clause d'une convention collective (dans le secteur privé).

■ 12

La réflexion éthique est un questionnement sur la conduite « la plus juste possible » dans des situations concrètes singulières, notamment lorsque des valeurs ou des principes généraux d'intervention peuvent se trouver en conflit les uns avec les autres. Elle est individuelle ou collective. Elle peut venir des professionnels, des patients, de leur entourage ou de leurs associations, d'experts (scientifiques, juristes, philosophes, etc.), d'élus politiques, etc. Elle donne du sens à la pratique des professionnels, contribue à faciliter leurs prises de décision et peut renforcer la cohésion entre les différents acteurs autour du patient. Au plan national, européen ou international, la réflexion éthique peut conduire les pouvoirs publics à modifier ou compléter une règle juridique jusque-là en vigueur.

■ 13

Les mesures de tutelle et de curatelle sont deux mesures de protection de la personne dont les facultés sont temporairement ou durablement altérées.

La curatelle permet à la personne de conserver une liberté dans l'accomplissement des actes de la vie civile comme le droit de vote ou le consentement aux soins. Par contre, elle ne peut faire de legs ou encore se marier sans l'autorisation du curateur ou du juge. La mesure vise à la protéger dans le cadre de ses droits patrimoniaux.

La tutelle est une mesure plus contraignante décidée par le juge pour une durée maximale de cinq ans après un avis circonstancié médical sur la personne pour qui cette mesure est demandée. La personne est alors assistée dans la majorité des actes de la vie civile même si, comme pour les autres personnes, elle doit continuer à être destinataire des informations la concernant notamment en matière de santé.

CHAPITRE

3 UE 2.1 – Biologie fondamentale

OBJECTIFS/CONTENU DE L'UE

Objectifs de l'unité d'enseignement[3]

- Identifier le vivant et ses caractéristiques
- Développer une vision intégrée des niveaux d'organisation de la cellule à l'organisme
- S'approprier des connaissances de base en biologie cellulaire et moléculaire
- Faire le lien entre des connaissances biologiques et les notions d'homéostasie, de maladie, ou de thérapeutique

Éléments de contenu

- Les **molécules** constitutives du vivant et leur fonction dans les équilibres ou déséquilibres biologiques :
  - oxygène, eau, eau oxygénée, carbone, chlore, soufre, azote, ammoniac, acide nitrique, nitrates, nitrites, phosphates, sodium, potassium, magnésium, calcium, mercure
  - les oligoéléments, les enzymes
  - les nutriments, glucides, protides, protéines, lipides
- La **cellule :**
  - le cycle cellulaire, les différenciations cellulaires et la notion de tissus, les types et structures de cellules, la communication intercellulaire, les récepteurs et médiateurs
  - la vie cellulaire et le fonctionnement des cellules excitables (nerveuses et musculaires), l'action du neurone et la transmission, les synapses, la contraction musculaire

TESTEZ-VOUS

Testez vos connaissances

1 – Indiquez la bonne réponse. L'appareil de Golgi :

☐ a. est constitué uniquement de saccules

☐ b. permet le tri des protéines

3. Auteurs référents : Murielle Marchault, Odile Dunion.

☐ c. a une face d'entrée et une face de sortie
☐ d. donne naissance à des vésicules
☐ e. ne modifie pas les protéines

2 – Indiquez la bonne réponse. Dans un glucosé d'un litre à 5 %, combien y a-t-il de glucose pour 100 millilitres de solution ?

☐ a. 0,5 g
☐ b. 5 g
☐ c. 50 g
☐ d. 100 g
☐ e. 500 g

3 – Indiquez la bonne réponse. Les protéines sont :

☐ a. des chaînes d'acides aminés
☐ b. des polymères d'oses
☐ c. des chaînes d'acides gras
☐ d. composées de cellulose
☐ e. des molécules hydrophobes

4 – Indiquez la bonne réponse. Quel élément sépare le milieu extracellulaire du milieu intracellulaire ?

☐ a. une membrane tectoriale
☐ b. une membrane synoviale
☐ c. une membrane plasmique
☐ d. une membrane vitelline
☐ e. une membrane déciduale

5 – Indiquez la bonne réponse. Dans les 24 atomes constitutifs du corps humain, le moins abondant est :

☐ a. l'oxygène
☐ b. l'hydrogène
☐ c. le calcium
☐ d. l'azote
☐ e. le carbone

6 – Indiquez les bonnes réponses. La synthèse protéique met en jeu :

☐ a. les ribosomes
☐ b. les lysosomes
☐ c. l'ARN messager
☐ d. le réticulum endoplasmique lisse
☐ e. les acides aminés

7 – Indiquez les bonnes réponses. Les acides aminés sont les composants des :

☐ a. anticorps
☐ b. antigènes
☐ c. enzymes
☐ d. hormones
☐ e. sucres

8 – Indiquez la bonne réponse. Une cellule procaryote :

☐ a. a un noyau limité par une enveloppe nucléaire
☐ b. possède de nombreux types d'organites cytoplasmiques
☐ c. possède un ADN circulaire bicaténaire
☐ d. se divise par mitose
☐ e. est souvent limitée par une paroi

9 – Indiquez la bonne réponse. La science qui étudie les cellules est :

☐ a. la bactériologie
☐ b. la cytologie
☐ c. la cancérologie
☐ d. la généalogie
☐ e. l'histologie

10 – Indiquez les bonnes réponses. À propos du calcium :

☐ a. le taux sanguin de calcium est appelé calcémie
☐ b. le calcium se retrouve en majorité dans les tissus osseux
☐ c. les besoins de l'organisme en calcium sont augmentés pendant la croissance et la grossesse
☐ d. le calcium est un constituant de l'épiderme
☐ e. c'est un constituant du muscle

11 – Indiquez la bonne réponse. L'osmose se caractérise par :

☐ a. un déplacement de solutés de part et d'autre d'une membrane semi-perméable
☐ b. un déplacement d'ions au travers d'une membrane semi-perméable
☐ c. la pression exercée par l'eau sur une membrane semi-perméable
☐ d. un mouvement d'eau de part et d'autre d'une membrane perméable
☐ e. un mouvement d'eau de part et d'autre d'une membrane semi-perméable

12 – Indiquez la bonne réponse. On parle de potentiel de repos lorsque la membrane du neurone est :

☐ a. dépolarisée
☐ b. chargée négativement
☐ c. lysée
☐ d. polarisée
☐ e. perméable aux grosses protéines cytoplasmiques anioniques

13 – Indiquez les bonnes réponses. Quelles sont les énergies qui interviennent dans le fonctionnement de l'organisme ?

☐ a. une énergie chimique
☐ b. une énergie atomique
☐ c. une énergie mécanique
☐ d. une énergie de rayonnement
☐ e. une énergie électrique

14 – Indiquez les bonnes réponses. Les disaccharides proviennent principalement :

☐ a. des boissons fermentées
☐ b. des fruits
☐ c. des céréales
☐ d. des légumes verts
☐ e. des poissons non gras

15 – Indiquez les bonnes réponses. Parmi les propositions suivantes concernant les tissus conjonctifs, cochez celles qui sont vraies.

☐ a. les tissus conjonctifs sont des tissus de soutien
☐ b. les tissus conjonctifs sont formés de trois composantes (cellules, fibres protéiques, substance fondamentale)
☐ c. les cellules des tissus conjonctifs sont jointes comme dans un épithélium
☐ d. le sang n'est pas un tissu conjonctif
☐ e. les tissus conjonctifs composent la rate

16 – Indiquez les bonnes réponses. Les enzymes sont :

☐ a. des protéines
☐ b. dénaturées à partir de 60 °C
☐ c. des catalyseurs biologiques
☐ d. dépourvues de structure tridimensionnelle stable
☐ e. actives à 37 °C

17 – Indiquez les bonnes réponses. Le phosphore est présent dans :

☐ a. les os
☐ b. les cheveux
☐ c. les dents
☐ d. les yeux
☐ e. le foie

18 – Indiquez les bonnes réponses. Quelles sont les substances chimiques participant à la classification des neurotransmetteurs ?

☐ a. l'acétylcholine
☐ b. les amines biogènes

☐ c. les acides aminés
☐ d. la dopamine
☐ e. les neuropeptides

19 – Indiquez la bonne réponse. Un gène est une séquence :

☐ a. d'acides aminés
☒ b. d'acide désoxyribonucléique
☐ c. d'acide gastrique
☐ d. d'acide gras
☐ e. d'acide chlorhydrique

20 – Indiquez la bonne réponse. L'immersion de cellules sanguines dans un milieu hypotonique entraîne :

☐ a. un gonflement des cellules sanguines
☐ b. une rétraction des cellules sanguines
☐ c. une absence de changement de volume des cellules sanguines
☐ d. une entrée des ions présents dans le milieu extérieur de la cellule sanguine, vers son milieu intérieur
☐ e. l'épaississement de la membrane des cellules sanguines

Bilan du test

Le barème :

- Toutes les réponses sont conformes : 1 point
- 1 réponse non conforme : 0,5 point
- 2 réponses non conformes : 0,3 point
- 3 ou plus de réponses non conformes : 0 point

Questions	Réponses	Points obtenus
1	b.	
2	b.	
3	a.	
4	c.	
5	c.	
6	a. – c. – e.	
7	a. – b. – c. – d.	
8	c.	
9	b.	
10	a. – b. – c.	
11	e.	
12	b.	
13	a. – c. – d. – e.	
14	b. – c.	

▶

Questions	Réponses	Points obtenus
15	a. – b. – e.	
16	a. – b. – c. – e.	
17	a. – c.	
18	a. – b. – c. – d.	
19	b.	
20	a.	
TOTAL		

Vous avez moins de 7/20 : l'essentiel n'est pas maîtrisé. Révisez vos cours avant de commencer l'entraînement.

Vous avez entre 7 et 10/20 : il faut poursuivre vos efforts. Vous avez déjà acquis certaines notions, mais celles-ci doivent être renforcées. Révisez les thèmes sur lesquels vous avez perdu des points avant de commencer l'entraînement.

Vous avez entre 11 et 15/20 : consolidez vos acquis. Vous êtes presque prêt ; poursuivez vos efforts en vous entraînant.

Vous avez plus de 15/20 : bravo ! Continuez à vous entraîner pour être au top le jour J !

ENTRAÎNEZ-VOUS

Entraînez-vous avec des QCM

Consignes : une ou plusieurs bonnes réponses sont attendues pour l'ensemble des questions.

1 – Quel est l'oligoélément essentiel à faible risque de carence démontré chez l'homme ?

☐ a. l'iode
☐ b. le fer
☐ c. le cuivre
☐ d. le zinc
☐ e. le silicium

2 – Parmi les propositions suivantes, sélectionnez celles qui sont vraies. Les principaux acteurs dans la production d'énergie chez l'humain sont :

☐ a. les glucides
☐ b. les lipides
☐ c. les mitochondries
☐ d. la rate
☐ e. les centrioles

3 – Les enzymes sont :

☐ a. des protéines
☐ b. des lipides
☐ c. des glucides
☐ d. des stéroïdes
☐ e. des hormones

4 – Que signifie ADN ?

☐ a. Agence don en nature
☐ b. Ardèche Drôme numérique
☐ c. Activité découverte et nature
☐ d. Acide désoxyribonucléique
☐ e. Acide décanoïque

5 – Une synapse est :

☐ a. une jonction fonctionnelle entre deux os coxaux
☐ b. une jonction fonctionnelle entre deux chromosomes
☐ c. une jonction fonctionnelle entre deux articulations mobiles
☐ d. une jonction fonctionnelle entre deux acides aminés
☐ e. une jonction fonctionnelle entre deux neurones

6 – La concentration d'oxygène dans l'air ambiant est d'environ :

☐ a. 15 %
☐ b. 33 %
☐ c. 100 %
☐ d. 20 %
☐ e. 50 %

7 – Quel est le plus petit niveau d'organisation structurale ?

☐ a. le tissu
☐ b. l'organe
☐ c. la cellule
☐ d. le système
☐ e. l'organisme

8 – Toutes les enzymes suivantes sont des enzymes digestives sauf une. Indiquez laquelle.

☐ a. l'amylase
☐ b. la pepsine
☐ c. la lipase
☐ d. l'endolase
☐ e. la protéase

9 – Parmi les propositions suivantes, sélectionnez celles qui sont vraies. La Na^+/K^+-ATPase est une pompe :

☐ a. indispensable au bon fonctionnement cellulaire

☐ b. permettant un transport passif

☐ c. transportant les ions Na^+ dans le sens de leur gradient de concentration

☐ d. transportant les ions K^+ contre leur gradient de concentration

☐ e. transportant les deux ions contre leur gradient de concentration

10 – Quelle est la vitamine nécessaire à la coagulation du sang ?

☐ a. la vitamine A

☐ b. la vitamine C

☐ c. la vitamine K

☐ d. la vitamine D

☐ e. la vitamine B

11 – Parmi les éléments constitutifs de la cellule, on retrouve :

☐ a. le noyau

☐ b. l'unité structurale

☐ c. la membrane plasmique

☐ d. le cytoplasme

☐ e. l'enzyme

12 – Pour fournir de l'énergie, lorsqu'un muscle se contracte, les liaisons des molécules d'ATP sont :

☐ a. lysées

☐ b. myolysées

☐ c. catalysées

☐ d. hydrolysées

☐ e. métabolisées

13 – Quelles sont les caractéristiques du mercure ?

☐ a. c'est le seul métal liquide à température ambiante

☐ b. c'est un métal non volatile

☐ c. c'est un métal dit « léger » dans la classification de Mendeleiev

☐ d. c'est un métal qui se combine très facilement avec d'autres

☐ e. c'est un métal non toxique du fait de son extrême volatilité

14 – Que contient le cytoplasme des cellules du corps humain ?

☐ a. de l'endothélium

☐ b. des chromosomes

☐ c. des axones

☐ d. du réticulum endoplasmique

☐ e. des mitochondries

15 – Quelles sont les cellules qui assurent le transport en oxygène dans le corps humain ?

☐ a. les lymphocytes
☐ b. les érythrocytes
☐ c. les hématies
☐ d. les neutrophiles
☐ e. les neurones

16 – Parmi les propositions suivantes concernant les niveaux d'organisation de la matière, sélectionnez celles qui sont vraies.

☐ a. les cellules s'assemblent en tissus
☐ b. tous les organes contiennent un seul type de tissu
☐ c. les cellules adhèrent les unes aux autres par l'intermédiaire de protéines de la membrane
☐ d. dans une tumeur cancéreuse, des anomalies des protéines de membrane peuvent être responsables de métastases
☐ e. le tissu cardiaque est un épithélium

17 – Dans le sang humain circulant, tous les éléments suivants sont présents sauf un, lequel ?

☐ a. les plaquettes
☐ b. les hématies
☐ c. la cellulose
☐ d. le plasma
☐ e. des ions électrolytes

18 – Parmi les propositions suivantes concernant les épithéliums, sélectionnez celle qui est fausse.

☐ a. les épithéliums forment les tissus de revêtement
☐ b. le tissu épithélial est formé de cellules aux jonctions serrées
☐ c. les cellules épithéliales sont nourries directement par des vaisseaux sanguins
☐ d. les cellules épithéliales sont nourries par le liquide interstitiel
☐ e. c'est l'un des tissus primaires

19 – La fatigue musculaire est due à :

☐ a. l'accumulation d'acide chlorhydrique
☐ b. l'accumulation d'acide hyaluronique
☐ c. l'accumulation d'acide lactique
☐ d. l'accumulation d'acide folique
☐ e. l'accumulation d'acide urique

20 – Le corps humain est en grande partie composé d'eau, ce qui représente chez l'adulte environ :

☐ a. 10 % de son poids corporel
☐ b. 25 % de son poids corporel
☐ c. 40 % de son poids corporel
☐ d. 60 % de son poids corporel
☐ e. 90 % de son poids corporel

21 – Quels sont les oligoéléments qui participent à la défense immunitaire ?

☐ a. le plomb
☐ b. le zinc
☐ c. le sélénium
☐ d. le sodium
☐ e. le fer

22 – Parmi les propositions suivantes concernant la vie des cellules, sélectionnez celles qui sont vraies.

☐ a. les cellules baignent dans le liquide interstitiel
☐ b. les cellules tolèrent les changements de leur milieu
☐ c. l'homéostasie est la propriété des êtres vivants à maintenir leur milieu interne stable
☐ d. les cellules ne communiquent pas avec leur milieu
☐ e. les cellules n'ont pas de noyau

23 – Quels sont les principaux peptides d'intérêt biologique ?

☐ a. la pénicilline
☐ b. la carboxyne
☐ c. la mélanine
☐ d. la vasopressine
☐ e. l'insuline

24 – Parmi les propositions suivantes concernant les propriétés des organes, sélectionnez celles qui sont vraies.

☐ a. la plupart des organes contiennent plusieurs types de tissus
☐ b. la disposition des types de tissus détermine la structure de l'organe
☐ c. la disposition des types de tissus ne détermine pas les capacités fonctionnelles de l'organe
☐ d. les cellules épithéliales forment des membranes qui tapissent les surfaces internes et externes des organes
☐ e. les organes peuvent être composés d'un seul tissu

25 – Cochez la fausse affirmation en ce qui concerne les réflexes.

☐ a. ils peuvent être autonomes
☐ b. ils peuvent être osmotiques

☐ c. ils peuvent être de succion
☐ d. ils peuvent être oculaires
☐ e. ils peuvent être rotuliens

26 – L'énergie de l'ATP (adénosine triphosphate) peut se transformer en :
☐ a. énergie chimique
☐ b. énergie atomique
☐ c. énergie mécanique (lorsque les muscles se raccourcissent)
☐ d. énergie de rayonnement
☐ e. énergie électrique (au moment de la production d'un influx nerveux)

27 – Parmi les propositions suivantes concernant les propriétés des cellules, sélectionnez celles qui sont vraies.
☐ a. les cellules embryonnaires sont totipotentes
☐ b. les cellules une fois complètement différenciées peuvent accomplir toutes les fonctions
☐ c. au niveau du cœur, le nœud sinusal est le seul tissu de l'automatisme
☐ d. les cardiomyocytes assurent des contractions rythmiques involontaires
☐ e. la perméabilité sélective est une caractéristique des cellules saines et en bon état

28 – Les triglycérides et le cholestérol sont :
☐ a. des oses
☐ b. des lipides
☐ c. des enzymes
☐ d. des hormones
☐ e. des glucides

29 – Parmi les propositions suivantes concernant le classement des épithéliums, sélectionnez celle qui est vraie.
☐ a. les épithéliums sont classés seulement selon la forme des cellules
☐ b. les épithéliums sont classés seulement selon le nombre de couches de cellules qui les forment
☐ c. les épithéliums sont classés selon la forme des cellules et le nombre de couches de cellules
☐ d. l'épithélium gastrique et intestinal est un épithélium multicouche
☐ e. l'épithélium est un tissu qui ne desquame jamais

30 – La diffusion est un mécanisme de transport passif ; les molécules suivent :
☐ a. la gravité
☐ b. leur gradient de concentration
☐ c. les acides aminés
☐ d. les différences de potentiels
☐ e. l'énergie de rayonnement

31 – Le principal ion positif extracellulaire est :

☐ a. le sodium
☐ b. le magnésium
☐ c. le fluor
☐ d. le calcium
☐ e. le potassium

32 – À propos du cœur :

☐ a. le muscle cardiaque a besoin de la stimulation d'influx nerveux pour se contracter
☐ b. le muscle cardiaque se contracte de façon spontanée et indépendante
☐ c. la dépolarisation du muscle cardiaque se fait des oreillettes aux ventricules
☐ d. la dépolarisation du muscle cardiaque se fait des ventricules aux oreillettes
☐ e. le faisceau gracile est la voie employée par le cœur pour assurer la dépolarisation

33 – La liaison peptidique a une forme qui est :

☐ a. plane
☐ b. torsadée
☐ c. courbe
☐ d. anguleuse
☐ e. rigide

34 – Parmi les propositions suivantes concernant les propriétés du tissu épithélial, sélectionnez celles qui sont vraies.

☐ a. la membrane basale est sécrétée par les cellules épithéliales
☐ b. la membrane basale est surtout formée de glycoprotéines et de collagène
☐ c. la membrane basale ne joue aucun rôle particulier
☐ d. la membrane basale est surtout formée de glycoprotéines et de graisses
☐ e. le tissu épithélial a des fonctions de soutien, de protection et de stockage

35 – La voie sensitive :

☐ a. est formée de neurofibres qui transportent l'influx vers les organes
☐ b. est la voie efférente
☐ c. déclenche obligatoirement une réponse motrice
☐ d. est formée de neurofibres qui transportent l'influx vers le système nerveux central (SNC)
☐ e. fait partie du système nerveux central

36 – L'épiderme se définit comme :

☐ a. la couche la plus superficielle de la peau
☐ b. un tissu conjonctif

☐ c. un tissu musculaire
☐ d. une barrière mécanique pratiquement imperméable
☐ e. un épithélium (un ensemble de cellules jointives étroitement associées entre elles formant un revêtement)

37 – Concernant les artères :

☐ a. ses parois sont plus épaisses que les veines
☐ b. elles ne transportent que du sang oxygéné
☐ c. elles supportent moins de pression que les veines
☐ d. elles transportent le sang sortant du cœur
☐ e. elles sont pourvues de valvules anti-reflux sanguin

38 – La séquence spécifique d'acides aminés est déterminée par :

☐ a. un gène
☐ b. un ose
☐ c. un antigène
☐ d. une hématie
☐ e. un anticorps

39 – Parmi les propositions suivantes concernant les épithéliums monocouches, sélectionnez celle qui est fausse.

☐ a. Les épithéliums monocouches se trouvent généralement sur la face externe des organes creux.
☐ b. Les épithéliums monocouches constituent la zone d'échange.
☐ c. Les épithéliums monocouches constituent la zone sécrétrice des glandes exocrines et de la plupart des glandes endocrines.
☐ d. La glande thyroïde comporte des cellules épithéliales cubiques simples qui fabriquent et sécrètent dans le sang la thyroxine.
☐ e. Les épithéliums monocouches forment des membranes qui permettent la filtration ou l'échange de substances.

40 – Parmi les propositions suivantes, la myéline a un rôle principal :

☐ a. isolant pour les neurofibres
☐ b. de transmetteur de l'influx nerveux
☐ c. de diminution de la vitesse de propagation de l'influx nerveux
☐ d. d'élimination des débris de l'encéphale
☐ e. facilitant la circulation du liquide céphalorachidien

41 – Le taux de sodium dans le sang s'appelle :

☐ a. la glycémie
☐ b. la natrémie
☐ c. la calcémie
☐ d. la kaliémie
☐ e. la créatininémie

42 – Cochez les réponses exactes.

☐ a. Les astrocytes sont des glyocytes.
☐ b. Les oligodendrocytes sont des glyocytes.
☐ c. Les épendymocytes sont des glyocytes.
☐ d. Les microglies sont des glyocytes.
☐ e. Les mastocytes sont des glyocytes.

43 – Parmi les vitamines liposolubles, on retrouve :

☐ a. la vitamine A
☐ b. la vitamine C
☐ c. la vitamine E
☐ d. la vitamine D
☐ e. la vitamine B

44 – Parmi les propositions suivantes concernant les épithéliums, sélectionnez celles qui sont vraies.

☐ a. Dans un épithélium monocouche, on trouve une seule assise cellulaire.
☐ b. L'endothélium vasculaire est un exemple d'épithélium pavimenteux simple.
☐ c. L'épithélium gastrique et intestinal est un épithélium pavimenteux simple.
☐ d. La peau est un exemple d'épithélium pavimenteux simple.
☐ e. Les épithéliums servent de réserve de lipides.

45 – Les propriocepteurs sont :

☐ a. des protéines
☐ b. des neurones
☒ c. des transmetteurs
☐ d. des hormones du système nerveux central
☐ e. des neurolemmes

46 – Le principal ion positif intracellulaire est :

☐ a. le calcium
☐ b. le magnésium
☐ c. le potassium
☐ d. le sodium
☐ e. le fluor

47 – Quelle est la propriété la plus importante des minéraux ?

☐ a. de se lier aux glucides
☐ b. de se dissoudre dans les lipides
☐ c. de se fixer sur des protéines
☐ d. de se lyser avec les lipides
☐ e. d'antagoniser les protéines

48 – Le système nerveux central se divise en :

☐ a. système nerveux somatique ou volontaire
☐ b. système nerveux autonome ou involontaire
☐ c. système nerveux paradoxal
☐ d. système nerveux psychotique
☐ e. système nerveux sclérosant

49 – Les lipides les plus importants dans l'organisme sont :

☐ a. les phospholipides
☐ b. la lysine
☐ c. les triglycérides
☐ d. les stéroïdes
☐ e. les prostaglandines

50 – Sur une ampoule de chlorure de potassium injectable, vous lisez l'inscription suivante : 10 %. La concentration de potassium pour 100 ml est donc de :

☐ a. 1 g de potassium pour 0,1 ml
☐ b. 1 g de potassium pour 1 ml
☐ c. 10 g de potassium pour 10 ml
☐ d. 10 g de potassium pour 100 ml
☐ e. 10 g de potassium pour 1000 ml

51 – Tous les éléments suivants circulent dans le sang sauf un. Indiquez lequel.

☐ a. les hématies
☐ b. les lymphocytes
☐ c. les ions
☐ d. les neurones
☐ e. les hormones

52 – Les enzymes sont apparentées à la famille :

☐ a. des glucides
☐ b. des lipides
☐ c. des protéines
☐ d. des vitamines
☐ e. des oligoéléments

53 – Les protéines sont :

☐ a. inutiles à l'organisme humain
☐ b. des polymères
☐ c. composés d'acides aminés
☐ d. reliées par des liaisons peptidiques
☐ e. des structures tridimensionnelles qui sont stabilisées par les polymères toxiques

■ 54 – La concentration d'hémoglobine glyquée renseigne sur :

☐ a. l'équilibre glycémique des 8 à 12 semaines qui précèdent le dosage
☐ b. la division cellulaire
☐ c. la capacité de synthèse des protéines dans l'organisme
☐ d. la respiration cellulaire
☐ e. le suivi de la pathologie diabétique

■ 55 – Pour qu'un atome de carbone soit asymétrique, il doit posséder :

☐ a. trois substituants de natures différentes
☐ b. trois substituants de natures identiques
☐ c. un seul substituant de nature identique
☐ d. quatre substituants de natures identiques
☐ e. quatre substituants de natures différentes

■ 56 – Les anticorps sont :

☐ a. synthétisés par les cellules sanguines dérivées des lymphocytes B
☐ b. des immunoglobulines
☐ c. produits en réponse à la présence d'antigènes spécifiques
☐ d. transportés par les hématies
☐ e. des protéines

■ 57 – Les lipides sont des molécules :

☐ a. hydrophiles
☐ b. hydrophobes
☐ c. produites par le corps humain
☐ d. constituées d'acides aminés
☐ e. composantes majeur du plasma

■ 58 – Concernant la mesure du pH du plasma sanguin humain :

☐ a. le pH révèle un état plutôt très acide
☐ b. il révèle un état plutôt neutre
☐ c. il révèle un état plutôt très alcalin
☐ d. un déséquilibre de ses normes n'a aucune incidence sur l'organisme
☐ e. le pH ne se mesure pas

■ 59 – Le neurone se caractérise par :

☐ a. sa capacité de communiquer grâce à des synapses
☐ b. son appartenance aux cellules du tissu sanguin
☐ c. son appartenance aux cellules du tissu conjonctif
☐ d. la présence de dendrites
☐ e. la présence d'un axone

■ 60 – La glycémie est maintenue dans des valeurs précises qui sont :

☐ a. 0,08–01,2 g/l
☐ b. 0,8–1,2 g/l

☐ c. 8–12 g/l
☐ d. 80–120 g/l
☐ e. 800–1200 g/l

61 – La mort cellulaire par suicide est appelée :

☐ a. la sclérose
☐ b. l'apoptose
☐ c. le galactose
☐ d. l'osmose
☐ e. la saccharose

62 – Quelles particularités possède le système nerveux central ?

☐ a. Il est composé de l'encéphale et de moelle épinière.
☐ b. Il possède des neurones.
☐ c. Il est composé de cellules gliales.
☐ d. Il est composé de cellules épithéliales.
☐ e. Il a besoin d'oxygène pour fonctionner.

63 – La réalisation d'un ionogramme sanguin :

☐ a. permet d'évaluer le taux de globules rouges d'un sujet
☐ b. nécessite une ponction de sang artériel
☐ c. ne peut être pratiquée que si le sujet est à jeun
☐ d. permet d'évaluer l'équilibre hydroélectrolytique d'un sujet
☐ e. permet d'évaluer la saturation en oxygène du sang d'un sujet

64 – Les cellules musculaires lisses :

☐ a. sont susceptibles d'être régulées par de nombreux stimuli
☐ b. interviennent dans les contractions musculaires spontanées
☐ c. sont présentes dans les bronches, le tube digestif et l'utérus
☐ d. sont présentes dans les muscles striés squelettiques
☐ e. jouent un rôle majeur dans la vie végétative

65 – L'hémoglobine est :

☐ a. une protéine composée de 4 sous-unités identique 2 à 2
☐ b. une protéine, qui n'a pas d'affinité avec le monoxyde de carbone
☐ c. une protéine qui participe au transport de l'oxygène
☐ d. une protéine qui circule dans le sang
☐ e. une protéine qui agit en synergie avec la myoglobine pour oxygéner les cellules

66 – La réserve alcaline est l'évaluation de :

☐ a. la concentration en calcium du sang
☐ b. la concentration en potassium du sang
☐ c. la concentration en phosphore du sang
☐ d. la concentration en fer du sang
☐ e. la concentration en bicarbonate du sang

67 – À propos des caractéristiques des mélanocytes, vous retenez :

☐ a. leur rôle dans la fonction de la respiration cellulaire
☐ b. la capacité de synthèse de la mélanine
☐ c. leur fonction de protection dans le rayonnement ultraviolet
☐ d. leur implication dans la couleur de la peau
☐ e. qu'ils sont situés dans le tissu myocardique

68 – Un caryotype montrant 46 chromosomes dont un chromosome X et un chromosome Y est celui :

☐ a. d'un garçon
☐ b. d'une fille
☐ c. ni l'un ni l'autre
☐ d. on ne peut pas savoir
☐ e. d'un garçon et d'une fille

69 – Le taux de potassium dans le sang s'appelle :

☐ a. la glycémie
☐ b. la natrémie
☐ c. la calcémie
☐ d. la kaliémie
☐ e. la créatininémie

70 – L'ADN (acide désoxyribonucléique) a un rôle :

☐ a. dans la production d'énergie cellulaire
☐ b. de messager dans la respiration cellulaire
☐ c. dans l'équilibre électrolytique de la cellule
☐ d. dans la production de l'influx nerveux
☐ e. de support de l'information génétique

Réponses aux QCM

1 – e.
2 – a. – b. – c.
3 – a.
4 – d.
5 – e.
6 – d.
7 – c.
8 – d.
9 – a. – d. – e.
10 – c.
11 – a. – c. – d.
12 – d.

13 – a. – c. – d.
14 – d. – e.
15 – b. – c.
16 – a. – c. – d.
17 – c.
18 – d.
19 – c.
20 – d.
21 – b. – c. – e.
22 – a. – c.
23 – a. – d. – e.
24 – a. – b. – c.
25 – b.
26 – a. – c. – d. – e.
27 – a. – d. – e.
28 – b.
29 – c.
30 – b.
31 – a.
32 – b. – c.
33 – a. – e.
34 – a. – b. – e.
35 – d.
36 – a. – d. – e.
37 – a. – d.
38 – a.
39 – a.
40 – a.
41 – b.
42 – a. – b. – c. – d.
43 – a. – c. – d.
44 – a. – b.
45 – b.
46 – c.
47 – c. Les propriétés des minéraux sont modifiées.
48 – a. – b.
49 – a. – c. – d.
50 – d.
51 – d.
52 – c.

53 – b. – c. – d. – e.
54 – a. – e.
55 – e.
56 – a. – b. – c. – e.
57 – b.
58 – b.
59 – a. – d. – e.
60 – b.
61 – b.
62 – a. – b. – c. – e.
63 – d.
64 – a. – b. – c. – e.
65 – a. – c. – d. – e.
66 – e.
67 – b. – c. – d.
68 – a.
69 – d.
70 – e.

Entraînez-vous avec des QROC

1 – Définissez ce qu'est une molécule organique.

....

....

....

....

....

....

....

....

2 – Définissez le *cell coat* ou glycocalyx et expliquez son rôle.

....

....

....

....

....

....

....

....

3 – Quel est le rôle de l'acide désoxyribonucléique (ADN) ? Citez son lieu d'activité.

....

....

....

....

....

....

....

....

4 – Expliquez le phénomène de diffusion simple. Donnez deux exemples de molécules diffusant rapidement.

....

....

5 – Expliquez le phénomène de transport actif.

6 – Citez quatre types de tissus conjonctifs.

7 – Quels sont les trois rôles du tissu adipeux ?

8 – Explicitez le rôle des mitochondries.

9 – Citez les fonctions du noyau d'une cellule ainsi que les trois éléments qui le constituent.

10 – Explicitez les quatre étapes de la mitose dans la division cellulaire.

Réponses aux QROC

1

La molécule est composée d'un nombre défini d'atomes reliés les uns aux autres, ce qui leur confère une stabilité, une nature et une propriété spécifiques. L'atome est un fragment microscopique de matière qu'il est encore possible de différencier de ses congénères même lorsqu'il est isolé. Il est à la base de presque toute la matière de l'Univers. Il est constitué d'un noyau central autour duquel gravitent des électrons. Pour être organique, une molécule doit être constituée de chaînes d'atomes de carbone. Plusieurs atomes mettent en commun leurs électrons afin d'établir une liaison chimique. Cela constitue alors des éléments plus complexes appelés molécules. Si, dans cette dernière, il y a une présence d'atomes de carbone, la molécule est dite organique.

2

La matrice péricellulaire se situe entre la membrane plasmique des cellules et la matrice extracellulaire (MEC). La matrice péricellulaire est la zone de transition entre le revêtement cellulaire (*cell coat* ou glycocalyx) et la MEC. C'est une sorte de feutrage externe formé par les chaînes glucidiques (fixées en général sur les protéines membranaires). Il a un rôle protecteur et certaines de ses chaînes glucidiques constituent le complexe majeur d'histocompatibilité (CMH). La matrice péricellulaire joue un rôle d'histocompatibilité dans :

- la protection mécanique de la cellule ;
- la protection chimique de la cellule ;
- la reconnaissance cellulaire ;
- l'adhésion cellule–cellule :
  - spermatozoïde–ovocyte ;
  - formation du caillot ;
  - recirculation des lymphocytes ;
  - réponses inflammatoires.

3

L'acide désoxyribonucléique (ADN) est le support de l'information génétique spécifique à chaque individu. C'est ce qui fait que chaque être humain est unique. Il assure la pérennité de l'espèce grâce à la réplication de l'ADN et à la division cellulaire (la mitose et la méiose). L'ADN permet aussi la synthèse des protéines par l'organisme par un mécanisme de transcription de l'ADN. L'ADN est contenu dans le nucléoplasme pour les cellules qui contiennent un noyau (cellules eucaryotes) et dans le cytoplasme pour les cellules sans noyau (cellules procaryotes). Il est constitué à partir de quatre bases azotées : l'adénine (A), la guanine (G), la cytosine (C) et la thymine (T). L'assemblage particulier de ces bases détermine les caractéristiques d'une espèce.

■ 4

C'est le mécanisme le plus simple qui permet à une molécule de traverser une membrane. Pour que le mouvement ait lieu, il faut qu'il existe une différence de concentration de part et d'autre de cette membrane : le mouvement se fera du compartiment le plus concentré vers le compartiment le moins concentré. On dit qu'il se fait dans le sens du gradient de concentration.

La diffusion simple est donc le passage de molécules solubles directement à travers la membrane cellulaire. Ce mode de diffusion est assez lent puisque, pour traverser la membrane, les molécules doivent d'abord se dissoudre dans la bicouche de phospholipide qui compose la membrane cellulaire.

Exemples de petites molécules diffusant rapidement : l'oxygène (O_2), le dioxyde de carbone (CO_2), l'urée, l'éthanol.

■ 5

Le transport actif permet le passage de solutés (molécules ou ions) contre leur gradient de concentration (pour les molécules non chargées) ou contre leur gradient électrochimique (pour les molécules chargées, ou du milieu hypotonique vers le milieu hypertonique). Ce type de transport fait intervenir des protéines porteuses ou perméases et est souvent appelé pompe. Il est situé dans la membrane plasmique et joue le rôle d'un passeur. Il nécessite une source d'énergie métabolique telle que l'hydrolyse de l'adénosine triphosphate (ATP) ou un gradient ionique.

Ces pompes comportent des ATPase, qui sont des enzymes qui assurent le transfert transmembranaire des ions.

Il existe différentes pompes :

- la pompe Na^+/K^+-ATPase : elle permet de maintenir dans la cellule une forte concentration et K^+ et une faible concentration de Na^+ dans le milieu extracellulaire ;
- la pompe Ca^{++}/ATPase : elle fonctionne grâce à l'hydrolyse de l'ATP par gradient de concentration. Elle permet les contractions musculaires (le Ca^{++} sort du réticulum endoplasmique, où il est en réserve, pour aller dans le cytoplasme. Cela entraîne la contraction du muscle) ;
- la pompe H^+/K^+-ATPase ou pompe à protons : c'est une enzyme qui dépend du magnésium. Cette pompe est principalement active dans l'estomac et est responsable de l'acidité qui règne dans ce dernier.

■ 6

Les tissus conjonctifs sont des tissus dont les cellules sont séparées par de la la matrice extracellulaire (MEC), contrairement aux épithéliums où les cellules sont jointives. Les tissus conjonctifs assurent plusieurs fonctions : mécanique (de soutien et de cohésion des cellules tissus d'un organe), de nutrition, d'échange et de défense. Il en existe différentes sortes :

- le tissu conjonctif lâche ;
- le tissu conjonctif adipeux ;

- le tissu conjonctif fibreux ;
- le tissu cartilagineux ;
- le tissu osseux ;
- le sang.

7

Les adipocytes se caractérisent par deux types de cellules : les adipocytes blancs et les adipocytes bruns. Ils forment donc chacun des tissus adipeux différents, soit les tissus adipeux blancs ou graisse blanche (pour les adipocytes blancs), soit le tissu adipeux brun (pour les adipocytes bruns). Le tissu adipeux est un tissu conjonctif dont les cellules sont composées d'adipocytes. Il compose le tissu sous-cutané. Ses rôles sont les suivants :

- il isole l'organisme de la chaleur et du froid extrêmes. C'est un **isolant thermique**, notamment chez les oiseaux ou mammifères marins ;
- il effectue une **protection mécanique** de certains organes (par exemple les reins sont entourés d'une gaine de gras qui les protège) ;
- c'est la **réserve énergétique** la plus importante du corps humain. Elle est régulée par le pancréas.

8

Les mitochondries sont des petits organites situés dans le cytoplasme (substance entourant le noyau) des cellules. Leur taille est d'environ 1 μm de longueur. Elles produisent l'énergie à l'intérieur des cellules de l'organisme et permettent leur fonctionnement. Elles peuvent se multiplier en fonction des besoins énergétiques de la cellule. L'ensemble des réactions qui fournit de l'énergie au sein de la mitochondrie constitue la respiration cellulaire.

Dans les mitochondries, les nutriments subissent des réactions de simplification moléculaire. Par exemple, les molécules issues de la simplification de glucose dans le cytoplasme (comme le pyruvate, molécule à 3 atomes de carbone) vont être transformées jusqu'à la formation de dioxyde de carbone par un ensemble de réactions appelées « cycle de Krebs » (réactions d'oxydoréduction ou phosphorylation oxydative). Celles-ci fournissent de l'énergie.

Les mitochondries ont donc plusieurs actions :

- de production d'énergie, sous la forme d'adénosine triphosphate (ATP) ;
- de production de chaleur, par la thermogenèse ;
- de déclenchement de l'apoptose (mort cellulaire programmée) ;
- de maintien de l'équilibre dans l'homéostasie du calcium ;
- d'élaboration : dans la synthèse de l'hème, des protéines fer-soufre, des nucléotides, mais aussi des stéroïdes.

Elles possèdent leur propre génome (ADN mitochondrial), transmis de façon maternelle par le cytoplasme de l'ovocyte, au moment de la fécondation. Le fait qu'elles puissent être impliquées dans les problèmes liés à la reproduction humaine est une idée relativement récente, liée en partie au fait que, malgré des avancées techniques continues en matière d'assistance médicale à la procréation, le taux moyen de grossesses obtenues après fécondation in vitro (FIV) ne dépasse pas 25 % par transfert d'embryon.

Les échecs de la fécondation ou du développement embryonnaire peuvent être mis en relation avec la qualité et la maturation des gamètes, dans lesquels les mitochondries constituent un facteur clé.

■ 9

Les fonctions du noyau sont de diriger les activités cellulaires (synthèse) et de transmettre le matériel génétique.

Le noyau est composé de trois éléments :

- un liquide gélatineux : le nucléoplasme. C'est le lieu de transcription de l'acide désoxyribonucléique (ADN) en acide ribonucléique (ARN) ;
- le nucléole, qui est le centre de synthèse des ribosomes. Domaine nucléaire dynamique, son activité reflète un équilibre entre le niveau de synthèse des ARN ribosomiques (ARNr), directement lié à la croissance et à la prolifération cellulaires, l'efficacité de la maturation des ARNr, et le transport des sous-unités ribosomiques vers le cytoplasme ;
- la chromatine, qui est constituée d'ADN porteur du matériel génétique de la cellule. Lors de la division cellulaire, les molécules d'ADN se raccourcissent et apparaissent individualisées sous forme de chromosomes.

■ 10

La mitose se déroule dans le noyau de la cellule en quatre étapes :

- la prophase : dans cette étape, la chromatide, qui contient le matériel génétique (ADN), se condense, pour se transformer en chromosomes (structure ordonnée et individualisée) ;
- la métaphase : ici, les chromosomes condensés se rassemblent à l'équateur de la cellule pour constituer la plaque équatoriale (ou métaphasique) ;
- l'anaphase : à ce moment, les fils chromosomiques sur lesquels sont fixés les chromosomes se séparent. Cela entraîne la migration des chromosomes vers les pôles respectifs de la cellule, afin de rejoindre chacun des centromères ;
- la télophase : cette dernière étape de la division cellulaire permet, par la cytokinèse, la séparation de la cellule mère en deux cellules filles contenant un patrimoine génétique identique, semblable à celui de la cellule mère.

Entraînez-vous avec des schémas

Schéma 1 : Dessinez la couche de valence du sodium et du chlore et définissez la liaison qui peut les unir.

....

....

....

....

....

Schéma 2 : Définissez et dessinez un exemple de liaison covalente.

....

....

....

....

....

Schéma 3 : Complétez le schéma de la cellule.

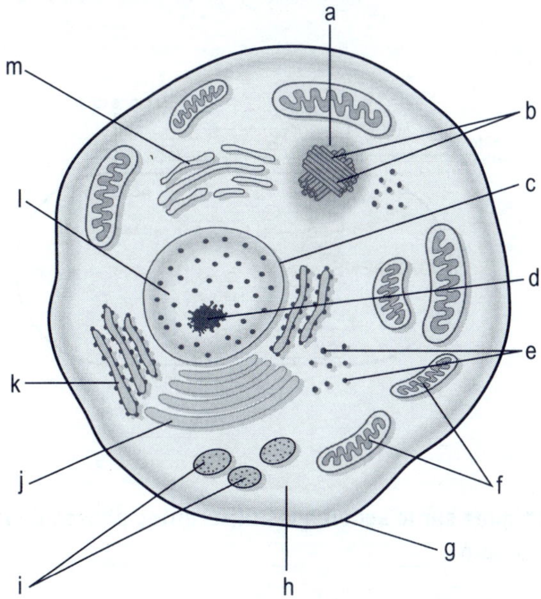

Source : *Ross et Wilson, Anatomie et physiologie normales et pathologiques*, par Waugh, Elsevier Masson, 2011.

Schéma 4 : Complétez le schéma de la mitochondrie.

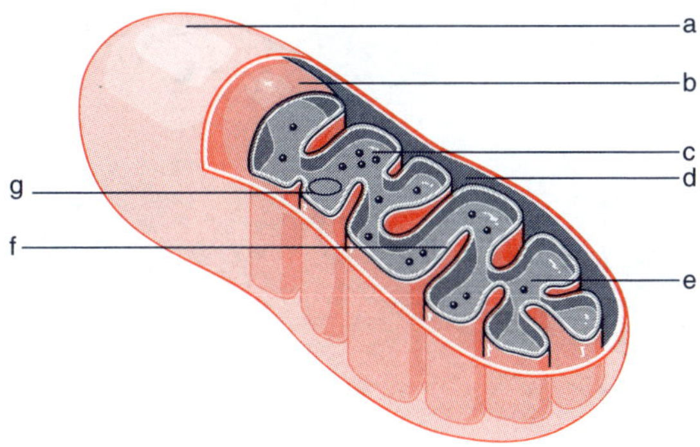

Schéma 5 : Complétez le schéma relatif à l'énergie de la mitochondrie.

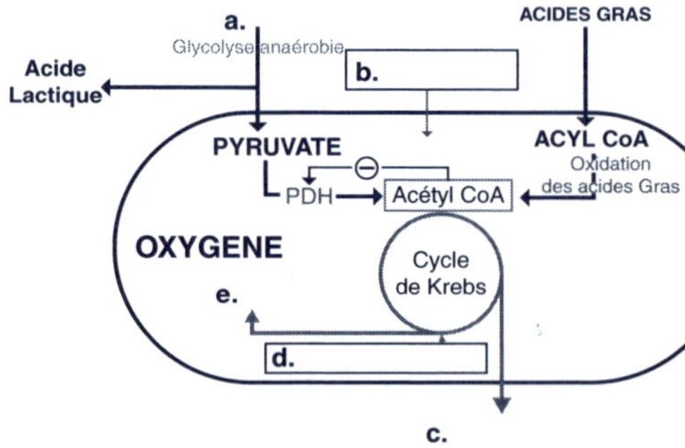

Schéma 6 : Indiquez sur le schéma les différentes phases de la mitose.

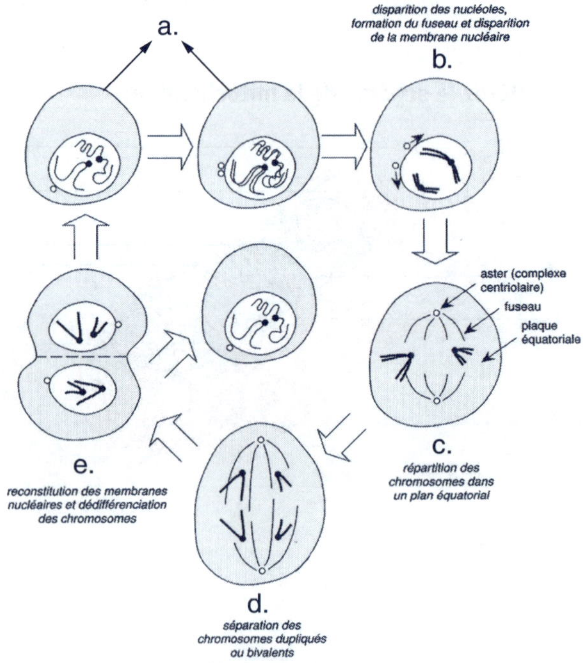

Source : *Biologie Fondamentale et génétique,* par C. Desassis, H.Labousset-Piquet, Elsevier Masson, 2012.

Réponses aux schémas

Schéma 1

C'est une liaison ionique. Elle résulte de l'attraction électrostatique entre anions (atomes chargés négativement) et cations (atomes chargés positivement).

Concernant la liaison qui peut les unir : le sodium et le chlore sont chimiquement réactifs parce que leur couche de valence n'est pas complète. Pour qu'ils deviennent stables, le sodium doit perdre un électron et le chlore en gagner un. Après le transfert de l'électron, le sodium s'est transformé en ion sodium (Na^+) et le chlore en ion chlorure (Cl^-). Ces deux ions de charge opposée s'attirent.

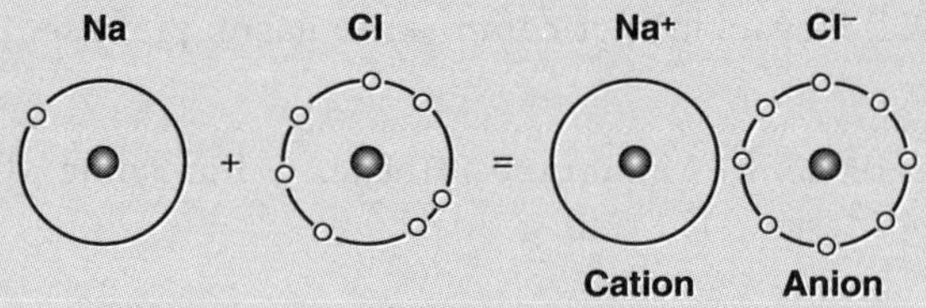

Schéma 2

Une liaison covalente est une liaison entre deux atomes résultant de la mise en commun de deux électrons provenant séparément de chacun d'eux.

Exemples de liaisons covalentes :

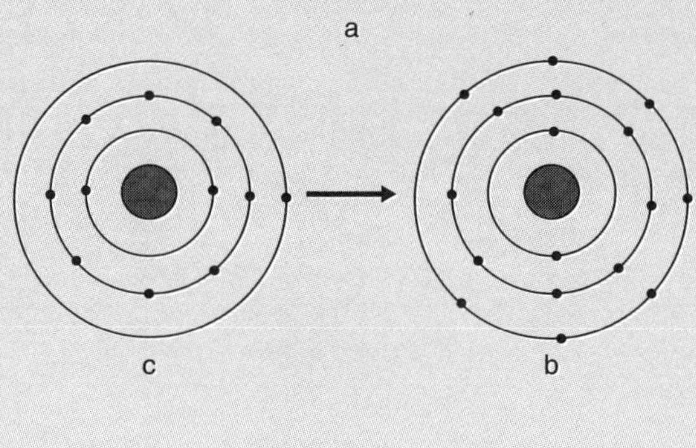

Atome d'hydrogène + atome d'hydrogène = molécule d'hydrogène (H_2)

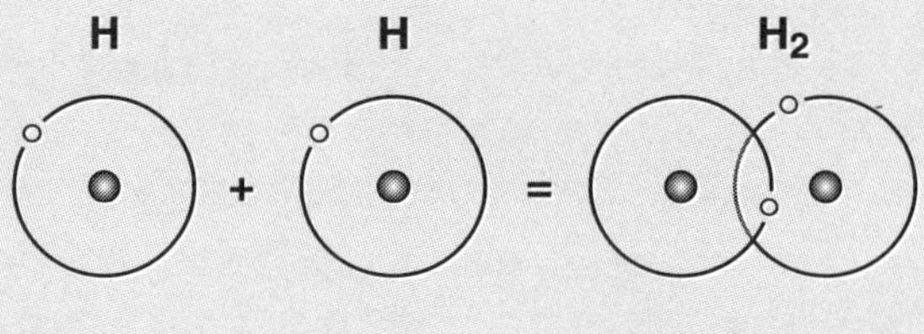

L'oxygène (O_2)

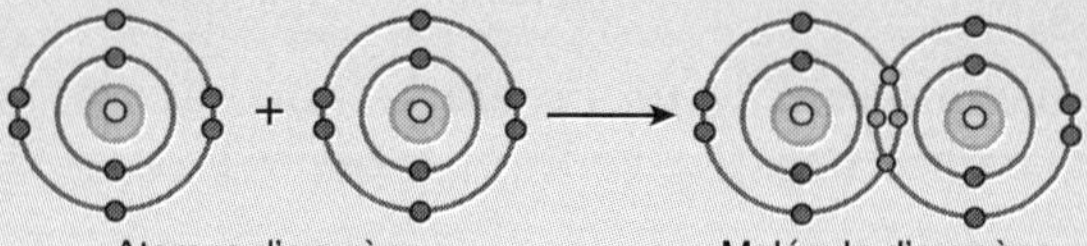

Schéma 3

a) Centrosome. b) Centrioles. c) Enveloppe nucléaire. d) Nucléole. e) Ribosomes. f) Mitochondries. g) Membrane plasmique. h) Cytoplasme. i) Granules sécrétoires. j) Appareil de Golgi. k) Réticulum endoplasmique rugueux (avec des ribosomes). l) Noyau. m) Réticulum endoplasmique lisse.

Schéma 4

a) Membrane externe. b) Membrane interne. c) Ribosome. d) Espace intermembranaire. e) Matrice. f) Crête. g) ADN.

Schéma 5

a) Glucose. b) Cytoplasme. c) $H_2O + CO_2$. d) Mitochondrie. e) ATP.

Schéma 6

a) Interphase. b) Prophase. c) Métaphase. d) Anaphase. e) Tétophase.

CHAPITRE

4 UE 2.2 – Cycles de la vie et grandes fonctions

OBJECTIFS/CONTENU DE L'UE

Objectifs de l'unité d'enseignement[4]

- Développer une vision intégrée du fonctionnement de l'organisme humain permettant d'en déduire les effets de certaines perturbations sur l'équilibre interne
- Décrire les niveaux d'organisation de l'organisme humain et leurs liaisons
- Montrer comment les grandes fonctions de l'organisme répondent aux besoins biologiques de maintien de la vie
- Décrire la santé à travers les cycles de la vie et le développement de l'être humain
- Explorer la signification des transitions que vivent les individus au cours de leurs croissance et évolution

Éléments de contenu

- Les concepts : chronobiologie, rythmes de vie, croissance, métabolisme, nutriment, thermogenèse, thermolyse
- L'homéostasie :
  - régulation du pH, température, glycémie, calcémie, hormones thyroïdiennes, vitamine D
  - équilibre hydrominéral, liquides, ions, électrolytes, osmolarité, équilibre acide/base, pHmétrie
- La biologie intégrative et l'organisation du vivant à travers les systèmes : endocrinien, immunitaire et nerveux
- Les niveaux d'organisation du corps humain : chimique, cellulaire, tissulaire, organique et systémique
- Les grandes fonctions, aspects anatomiques et physiologiques : respiratoire, digestive, cardiaque, élimination, reproduction, motrice, sensorielle
- L'interaction et l'interdépendance des systèmes
- Les étapes de la vie, de la naissance à la mort, évolution et modification de systèmes

4. Auteur référent : Pascal Mevial.

- Les bases moléculaires de l'organisation du génome humain
- Les bases essentielles de la notion d'hérédité
- L'information génétique et sa conservation, la distinction entre procaryotes et eucaryotes, la transmission de l'information génétique et la synthèse des protéines

TESTEZ-VOUS

Testez vos connaissances

1 – Indiquez la bonne réponse. À travers ses différentes hormones, le pancréas a les effets suivants sauf un. Indiquez lequel.

☐ a. une hypoglycémie
☐ b. une hyperglycémie
☐ c. une sécrétion de l'acide chlorhydrique par l'estomac
☐ d. une vidange gastrique

2 – Indiquez la bonne réponse. Un milieu où la pression osmotique est supérieure à celle du liquide intracellulaire est un milieu :

☐ a. isotonique
☐ b. hypotonique
☐ c. hypertonique
☐ d. osmotique
☐ e. équimolaire

3 – Indiquez les bonnes réponses. Quels ions sont présents dans le plasma humain à l'état physiologique ?

☐ a. le sodium
☐ b. l'aluminium
☐ c. le potassium
☐ d. le bromure
☐ e. le calcium

4 – Indiquez les bonnes réponses. Quelles sont les affirmations justes ?

☐ a. la glande sudoripare est responsable de la sécrétion de la sueur
☐ b. les glandes mammaires sont absentes chez l'homme
☐ c. la glande sébacée permet la sécrétion de sébum
☐ d. le sébum est une substance glucidique

5 – Indiquez les bonnes réponses. Les phanères chez l'homme sont représentés par :

☐ a. les poils
☐ b. les ongles

- ☐ c. les tissus conjonctifs
- ☐ d. les cheveux
- ☐ e. aucun de ces éléments

6 – Indiquez les bonnes réponses. Les hormones sont :

- ☐ a. hypersolubles
- ☐ b. hydrosolubles
- ☐ c. liposolubles
- ☐ d. lipophiles
- ☐ e. hydrophobes

7 – Indiquez les bonnes réponses. La plèvre :

- ☐ a. permet de solidariser les poumons à la cage thoracique et le diaphragme
- ☐ b. comprend trois feuillets
- ☐ c. participe à la variation de volume des poumons
- ☐ d. contient du liquide pleural
- ☐ e. protège l'appareil digestif

8 – Indiquez la bonne réponse. Les éléments suivants indiquent une anomalie du nombre de chromosomes sauf un. Indiquez lequel.

- ☐ a. l'euploïdie
- ☐ b. l'aneuploïdie
- ☐ c. l'haploïdie
- ☐ d. la monosomie
- ☐ e. la trisomie

9 – Indiquez la bonne réponse. La thermorégulation fait intervenir :

- ☐ a. l'hypothalamus
- ☐ b. le foie
- ☐ c. les os longs
- ☐ d. la motricité volontaire
- ☐ e. l'aldostérone

10 – Indiquez la bonne réponse. L'ensemble de ces structures appartient au larynx sauf une. Indiquez laquelle.

- ☐ a. l'épiglotte
- ☐ b. l'os hyoïde
- ☐ c. le cartilage de conjugaison
- ☐ d. le cartilage thyroïde
- ☐ e. le cartilage cricoïde

11 – Indiquez la bonne réponse. Les caractéristiques de la douleur aiguë sont les suivantes sauf une. Indiquez laquelle.

- ☐ a. elle est brève
- ☐ b. elle utilise des activateurs non sensoriels

☐ c. elle est immédiate
☐ d. elle est liée à une sensation nociceptive
☐ e. elle est liée à un stimulus

12 – Indiquez les bonnes réponses. À propos des phases du sommeil lent, vous retenez :

☐ a. l'endormissement
☐ b. le réveil
☐ c. le sommeil léger
☐ d. le sommeil profond
☐ e. le sommeil paradoxal

13 – Indiquez la bonne réponse. La proportion d'eau dans le corps humain est :

☐ a. de 40 %
☐ b. de 20 %
☐ c. de 60 %
☐ d. de 80 %
☐ e. inexistante

14 – Indiquez la bonne réponse. Une déviation latérale du rachis s'appelle :

☐ a. une cyphose
☐ b. une lordose
☐ c. une scoliose
☐ d. une apoptose
☐ e. une mitose

15 – Indiquez les bonnes réponses. Le système lymphatique comprend :

☐ a. le thymus
☐ b. la rate
☐ c. le foie
☐ d. les hématies
☐ e. la moelle osseuse

16 – Indiquez les bonnes réponses. Les contractions musculaires peuvent être :

☐ a. dynamiques
☐ b. statiques
☐ c. isotoniques
☐ d. concentriques
☐ e. isovolumétriques

17 – Indiquez la bonne réponse. Les os suivants font partie de la ceinture pelvienne sauf un. Indiquez lequel.

☐ a. le col du fémur
☐ b. la tête du fémur

- ☐ c. l'acromion
- ☐ d. la cavité cotyloïde
- ☐ e. l'os coxal

18 – Indiquez la bonne réponse. Le caryotype humain comporte :

- ☐ a. 23 paires de chromosomes
- ☐ b. 2 paires de chromosomes sexuels
- ☐ c. 48 chromosomes
- ☐ d. 20 paires d'autosomes
- ☐ e. 2 paires de chromosomes XX

19 – Indiquez les bonnes réponses. Les voies aériennes supérieures se composent :

- ☐ a. des fosses nasales
- ☐ b. de la cavité buccale
- ☐ c. de l'œsophage
- ☐ d. du pharynx
- ☐ e. des voies inférieures intrathoraciques

20 – Indiquez les bonnes réponses. Au niveau hépatique, l'insuline :

- ☐ a. active la glycogénogenèse
- ☐ b. active la lipogenèse
- ☐ c. active la synthèse des corps cétoniques
- ☐ d. inhibe la glycogénolyse
- ☐ e. inhibe la lipogenèse

Bilan du test

Le barème :

- Toutes les réponses sont conformes : 1 point
- 1 réponse non conforme : 0,5 point
- 2 réponses non conformes : 0,3 point
- 3 ou plus de réponses non conformes : 0 point

Questions	Réponses	Points obtenus
1	c.	
2	c.	
3	a. – c. – e.	
4	a. – c.	
5	a. – b. – d.	
6	b. – c.	
7	a. – c. – d.	
8	c.	
9	a.	
10	c.	

▶

Questions	Réponses	Points obtenus
11	b.	
12	b. – e.	
13	c.	
14	c.	
15	a. – b. – e.	
16	a. – b. – c. – d.	
17	c.	
18	a.	
19	a. – b. – d. – e.	
20	a. – b. – d.	
TOTAL		

Vous avez moins de 7/20 : l'essentiel n'est pas maîtrisé. Révisez vos cours avant de commencer l'entraînement.

Vous avez entre 7 et 10/20 : il faut poursuivre vos efforts. Vous avez déjà acquis certaines notions, mais celles-ci doivent être renforcées. Révisez les thèmes sur lesquels vous avez perdu des points avant de commencer l'entraînement.

Vous avez entre 11 et 15/20 : consolidez vos acquis. Vous êtes presque prêt ; poursuivez vos efforts en vous entraînant.

Vous avez plus de 15/20 : bravo ! Continuez à vous entraîner pour être au top le jour J !

ENTRAÎNEZ-VOUS

Entraînez-vous avec des QCM

Consignes : une ou plusieurs bonnes réponses sont attendues pour l'ensemble des questions.

1 – Concernant les éléments représentant une rupture lors de l'avancée en âge, vous retenez :

☐ a. la retraite
☐ b. le départ des enfants
☐ c. le mariage
☐ d. la perte du conjoint
☐ e. la perte du statut social

2 – Tous les nerfs suivants sont des nerfs crâniens sauf un. Indiquez lequel.

☐ a. le nerf olfactif
☐ b. le nerf optique
☐ c. le nerf sciatique

☐ d. le nerf trijumeau
☐ e. le nerf glossopharyngien

3 – La croissance en longueur des os longs est assurée par :
☐ a. les chondrocytes
☐ b. les chondroblastes
☐ c. les ostéoclastes
☐ d. les chondroclastes
☐ e. les ostéocytes

4 – Une erreur s'est glissée dans les affirmations suivantes. Indiquez laquelle.
☐ a. La natrémie est la concentration plasmatique en sodium.
☐ b. La kaliémie est la concentration plasmatique en calcium.
☐ c. La chlorémie est la concentration plasmatique en chlorures.
☐ d. La bicarbonatémie est la concentration plasmatique en ions hydrogéno-carbonates.
☐ e. La glycémie est la concentration plasmatique du glucose.

5 – Concernant les mouvements des articulations synoviales, on retrouve :
☐ a. l'extension
☐ b. la flexion
☐ c. l'abduction
☐ d. la circumduction
☐ e. la pronation

6 – Lesquels participent au remodelage osseux ?
☐ a. les ostéoblastes
☐ b. les ostéoclastes
☐ c. les ostéocytes
☐ d. les otospongioses
☐ e. les ostéoporoses

7 – Concernant les structures appartenant à l'oreille, vous retenez :
☐ a. le pavillon
☐ b. les cornets
☐ c. la cochlée
☐ d. la trompe d'Eustache
☐ e. le tympan

8 – La peau a les rôles suivants sauf un. Indiquez lequel.
☐ a. protecteur
☐ b. régulateur thermique
☐ c. dans l'immunité innée
☐ d. dans le métabolisme des graisses
☐ e. dans la synthèse de la vitamine D

9 – Dans le cas d'une anomalie équilibrée de la structure du chromosome, on peut observer :

- ☐ a. une translocation
- ☐ b. une inversion paracentrique
- ☐ c. un individu porteur sain
- ☐ d. une délétion responsable d'une monosomie
- ☐ e. des trisomies partielles

10 – Le centre de contrôle de la soif se situe dans :

- ☐ a. le foie
- ☐ b. le cœur
- ☐ c. l'hypophyse
- ☐ d. le lobe frontal droit du cerveau
- ☐ e. l'hypothalamus

11 – Les éléments suivants composent le neurone sauf un. Indiquez lequel.

- ☐ a. l'axone
- ☐ b. les dendrites
- ☐ c. la gaine de myéline
- ☐ d. le bouton synaptique
- ☐ e. l'astrocyte

12 – Laquelle de ces affirmations est fausse ?

- ☐ a. entre 5 et 10 ans, la croissance est de 5 cm/an
- ☐ b. vers 11 ans chez la fille, la croissance subit une accélération
- ☐ c. entre 12 et 16 ans, un garçon grandit en moyenne de 25 cm
- ☐ d. la différence de taille entre les deux sexes n'est que de 2 cm
- ☐ e. les diamètres biacromial et bitrochantérien suivent l'allongement corporel

13 – Le sommeil paradoxal :

- ☐ a. dure 15 à 20 minutes par cycle
- ☐ b. représente 60 % du temps total
- ☐ c. permet une diminution de l'activité cérébrale
- ☐ d. favorise la récupération psychique
- ☐ e. dure la totalité du cycle

14 – La ventilation :

- ☐ a. est définie comme l'échange d'air entre les atmosphères et les alvéoles
- ☐ b. comprend l'inspiration et l'expiration
- ☐ c. fonctionne grâce à l'intervention de la plèvre et du péritoine
- ☐ d. n'a aucun rapport avec l'hématose
- ☐ e. n'est pas essentielle pour la survie

15 – Parmi ces affirmations, lesquelles sont justes ?

- ☐ a. le rétrocontrôle hormonal peut être positif ou négatif
- ☐ b. la parathormone est une hormone hypophysaire
- ☐ c. le cortisol est une hormone glucocorticoïde
- ☐ d. le cortisol est une hormone hypoglycémiante
- ☐ e. l'insuline est hyperglycémiante

16 – Dans la transmission de l'influx nerveux, le potentiel d'action montre :

- ☐ a. une dépolarisation
- ☐ b. une repolarisation
- ☐ c. une phase de repos
- ☐ d. une hyperpolarisation
- ☐ e. une phase de latence

17 – Parmi les propositions suivantes, lesquelles sont des méninges ?

- ☐ a. la pie-mère
- ☐ b. la dure-mère
- ☐ c. l'arachnoïde
- ☐ d. le cortex
- ☐ e. le tronc cérébral

18 – Le membre inférieur est composé des os suivants sauf un. Indiquez lequel.

- ☐ a. le fémur
- ☐ b. le tibia
- ☐ c. la fibula
- ☐ d. le scaphoïde
- ☐ e. le péroné

19 – Les phases suivantes appartiennent à la mitose sauf une. Indiquez laquelle.

- ☐ a. la prophase
- ☐ b. l'anaphase
- ☐ c. la télophase
- ☐ d. la métaphase
- ☐ e. la prométaphase

20 – Le système nerveux central est composé des éléments suivants sauf un. Indiquez lequel.

- ☐ a. le cerveau
- ☐ b. le tronc cérébral
- ☐ c. le cervelet
- ☐ d. la moelle épinière
- ☐ e. les nerfs crâniens

21 – La régulation du calcium se fait au niveau :

- ☐ a. de l'intestin
- ☐ b. cérébral
- ☐ c. hépatique
- ☐ d. rénal
- ☐ e. osseux

22 – La mort est :

- ☐ a. la cessation complète et définitive de la vie
- ☐ b. due à l'arrêt des fonctions cardiaques, respiratoires et nerveuses
- ☐ c. liée à l'atteinte de plusieurs organes
- ☐ d. liée à l'atteinte d'un organe
- ☐ e. irréversible

23 – Un arc réflexe est composé des éléments suivants sauf un. Indiquez lequel.

- ☐ a. un récepteur
- ☐ b. une voie sensitive
- ☐ c. un neurotransmetteur
- ☐ d. un centre d'intégration
- ☐ e. une voie motrice

24 – Trouvez l'intrus.

- ☐ a. la glycogenèse
- ☐ b. la glycogénolyse
- ☐ c. la lipolyse
- ☐ d. la cétogenèse
- ☐ e. l'androgenèse

25 – Le calcium est absorbé au niveau du :

- ☐ a. côlon
- ☐ b. foie
- ☐ c. jéjunum
- ☐ d. duodénum
- ☐ e. pancréas

26 – Les astrocytes ont les rôles de :

- ☐ a. soutien
- ☐ b. formation du liquide céphalorachidien
- ☐ c. barrière hémato-encéphalique
- ☐ d. nutrition et maintien du milieu extracellulaire
- ☐ e. phagocytose

27 – Les éléments suivants interviennent dans la réponse immunitaire sauf un. Indiquez lequel.

- ☐ a. les lymphocytes
- ☐ b. les interleukines

☐ c. les ovocytes
☐ d. les cytokines
☐ e. les antigènes

28 – Concernant les os, laquelle de ces affirmations est fausse ?

☐ a. il existe des os longs
☐ b. il existe des os courts
☐ c. il existe des os plats
☐ d. il existe des os pointus
☐ e. il existe des os irréguliers

29 – Concernant les cellules gustatives, laquelle de ces affirmations est fausse ?

☐ a. elles sont disposées sur la langue
☐ b. elles sont disposées sur le palais
☐ c. elles régénèrent régulièrement
☐ d. elles sont regroupées en bourgeon et papilles
☐ e. elles regroupent les bourgeons gustatifs

30 – L'ensemble des caractères observables d'un individu est appelé :

☐ a. caryotype
☐ b. génotype
☐ c. phénotype
☐ d. androtype
☐ e. système Rhésus

31 – Les éléments suivants interviennent dans l'hémostase sauf un. Indiquez lequel.

☐ a. les plaquettes
☐ b. la vasoconstriction
☐ c. le fibrinogène
☐ d. les hématies
☐ e. le facteur de von Willebrand

32 – Quels sont les deux orifices abouchant l'estomac au reste du tube digestif ?

☐ a. l'ampoule de Vater
☐ b. le sphincter d'Oddi
☐ c. le cardia
☐ d. le pylore
☐ e. le canal de Wirsung

33 – Le processus de puberté implique :

☐ a. la thyroïde
☐ b. le foie
☐ c. la moelle épinière
☐ d. l'hypothalamus
☐ e. la rate

34 – L'anabolisme permet :

☐ a. l'élaboration de grosses molécules
☐ b. la synthèse des protéines
☐ c. l'utilisation d'ATP
☐ d. la synthèse de l'ADN
☐ e. la digestion des nutriments

35 – Les volumes pulmonaires comprennent :

☐ a. le volume courant
☐ b. le volume de réserve inspiratoire
☐ c. le volume de réserve expiratoire
☐ d. le volume vital
☐ e. les volumes résiduels

36 – La calcémie peut être augmentée par :

☐ a. un excès de résorption du tissu osseux à cause de l'ostéolyse
☐ b. une hypoparathyroïdie
☐ c. l'insuffisance rénale chronique
☐ d. l'excès de sécrétion d'hormones thyroïdiennes
☐ e. un rachitisme

37 – Quels sont les éléments qui ont un rapport avec les neurotransmetteurs ?

☐ a. les vésicules synaptiques
☐ b. la membrane présynaptique
☐ c. la fente synaptique
☐ d. le potentiel intersynaptique
☐ e. l'espace suprasynaptique

38 – Dans du sperme normal après éjaculation, les spermatozoïdes :

☐ a. sont de 20 à 200 millions/ml
☐ b. ont une mobilité supérieure à 40 % après 1 heure
☐ c. sont vivants à plus de 70 %
☐ d. sont à moins de 60 % de forme anormale
☐ e. sont à plus de 90 % de forme normale

39 – L'appareil digestif comprend :

☐ a. le duodénum
☐ b. l'iléon
☐ c. le côlon
☐ d. le rein
☐ e. la bouche

40 – Une maladie gonosomique :

☐ a. est portée par un chromosome sexuel
☐ b. est portée par un autosome

☐ c. est liée au sexe
☐ d. peut être uniquement récessive
☐ e. peut être uniquement dominante

41 – Les éléments suivants ont un rapport avec la reproduction sauf un. Indiquez lequel.

☐ a. les ovules
☐ b. les ovaires
☐ c. les spermatozoïdes
☐ d. l'hypophyse
☐ e. la thyroïde

42 – Parmi les temps de l'hémostase primaire, on retrouve :

☐ a. une lésion vasculaire
☐ b. la vasoconstriction
☐ c. l'adhésion plaquettaire
☐ d. l'activation plaquettaire
☐ e. la désagrégation plaquettaire

43 – Concernant les facteurs de longévité connus, vous retenez :

☐ a. être une femme avec enfants
☐ b. avoir un bon niveau d'éducation
☐ c. avoir une nourriture variée
☐ d. fumer et boire de l'alcool
☐ e. être actif

44 – À propos de l'ovulation :

☐ a. elle se produit une fois par mois autour du 14e jour du cycle
☐ b. elle ne dépend pas du corps jaune
☐ c. l'ovule est recueilli par le pavillon de la trompe
☐ d. l'ovulation a lieu 96 heures après le pic de LH (hormone lutéinisante)
☐ e. elle est provoquée par le pic de LH

45 – Le rythme circadien présente les caractéristiques suivantes sauf une. Indiquez laquelle.

☐ a. Il dure environ 24 heures.
☐ b. Il persiste en l'absence de soleil.
☐ c. Il comporte un jour et une nuit.
☐ d. Il peut durer jusqu'à 48 heures sous certaines conditions.
☐ e. Il est un rythme biologique.

46 – Les signes suivants sont en rapport avec un déséquilibre du pH sauf un. Indiquez lequel.

☐ a. une hypercapnie
☐ b. une hypoglycémie

- ☐ c. Une hypocapnie
- ☐ d. Une modification de la concentration plasmatique en H^+
- ☐ e. Une carence en vitamines

47 – Concernant les organes participant à la composition de l'appareil génital féminin, vous retenez :

- ☐ a. l'utérus
- ☐ b. le vagin
- ☐ c. les trompes
- ☐ d. l'épididyme
- ☐ e. les ovaires

48 – Les éléments suivants sont des substances neurocrines sauf un. Indiquez lequel.

- ☐ a. L'acétylcholine
- ☐ b. La dopamine
- ☐ c. La sérotonine
- ☐ d. La noradrénaline
- ☐ e. L'acétylcystéine

49 – Le membre supérieur est composé :

- ☐ a. de l'humérus
- ☐ b. de l'ulna
- ☐ c. du tarse
- ☐ d. du métatarse
- ☐ e. du radius

50 – L'ovulation dépend :

- ☐ a. de l'hypothalamus
- ☐ b. de l'hypophyse
- ☐ c. des hormones FSH (hormone folliculo-stimulante) et LH (hormone lutéinisante)
- ☐ d. du taux de testostérone
- ☐ e. de la sécrétion de l'hormone de croissance

51 – L'acide ribonucléique messager (ARN messager) présente les caractéristiques suivantes sauf une. Indiquez laquelle.

- ☐ a. il est composé de nucléotides
- ☐ b. il est un polyribonucléotide
- ☐ c. il est lié à la transcription
- ☐ d. il n'a pas d'incidence sur l'ADN
- ☐ e. il est une copie simple brin linéaire de l'ADN

52 – Les systèmes suivants interviennent dans la thermogenèse sauf un. Indiquez lequel.

- ☐ a. le système nerveux sympathique
- ☐ b. le système nerveux somatique
- ☐ c. le système musculaire
- ☐ d. le système sanguin
- ☐ e. le système digestif

53 – Les éléments suivants font partie des organes sexuels sauf un. Indiquez lequel.

- ☐ a. l'urètre
- ☐ b. le pénis
- ☐ c. le péritoine
- ☐ d. le corps caverneux
- ☐ e. la prostate

54 – Concernant le vieillissement, laquelle de ces affirmations est fausse ?

- ☐ a. tous les organes sont touchés par le vieillissement
- ☐ b. en vieillissant, on a du mal à se concentrer
- ☐ c. en vieillissant, l'assimilation des nutriments essentiels reste stable
- ☐ d. le vieillissement implique une baisse de la production d'hormones
- ☐ e. en vieillissant, l'activité du cœur diminue

55 – L'adénosine triphosphate (ATP) :

- ☐ a. permet de récupérer l'énergie
- ☐ b. permet de stocker provisoirement l'énergie
- ☐ c. empêche une utilisation ultérieure
- ☐ d. est absente de la biochimie de certains êtres humains
- ☐ e. est insoluble dans l'eau

56 – Les hormones thyroïdiennes agissent particulièrement sur :

- ☐ a. le tissu musculaire
- ☐ b. le tissu conjonctif
- ☐ c. le tissu adipeux
- ☐ d. le tissu nerveux
- ☐ e. le tube digestif

57 – Les entrées et sorties d'eau et de sodium dans le contrôle de la volémie sont assurées par :

- ☐ a. le rein
- ☐ b. le foie
- ☐ c. la vessie
- ☐ d. le système nerveux central
- ☐ e. le système nerveux périphérique

58 – L'arc réflexe se compose :

- ☐ a. d'un récepteur
- ☐ b. d'une voie sensitive
- ☐ c. d'une voie excrétrice
- ☐ d. d'une voie inhibitrice
- ☐ e. d'une voie motrice

59 – Les termes suivants ont un rapport avec la régulation de la glycémie sauf un. Indiquez lequel.

- ☐ a. le glycogène
- ☐ b. la glycogenèse
- ☐ c. la néoglucogenèse
- ☐ d. l'aldostérone
- ☐ e. l'insuline

60 – Les régions du corps humain féminin sont les suivantes sauf une. Indiquez laquelle.

- ☐ a. l'hypochondre
- ☐ b. l'épigastre
- ☐ c. l'épididyme
- ☐ d. le flanc
- ☐ e. la fosse iliaque

61 – Un individu qui porte deux allèles identiques est dit :

- ☐ a. hétérozygote
- ☐ b. homozygote
- ☐ c. allozygote
- ☐ d. phénozygote
- ☐ e. multizygote

62 – L'hormone de croissance :

- ☐ a. est sous la dépendance de la GRHF
- ☐ b. augmente pendant le sommeil
- ☐ c. est mise au repos par l'hyperglycémie
- ☐ d. diminue en cas d'hypoglycémie
- ☐ e. est inhibée par la prolactine

63 – Les différentes étapes du mouvement conscient font intervenir :

- ☐ a. le cortex moteur
- ☐ b. le cervelet
- ☐ c. le ganglion de la base
- ☐ d. les voies motrices descendantes
- ☐ e. le système sympathique

64 – Quels éléments influencent le vieillissement biologique ?

- ☐ a. les produits terminaux de la glycation
- ☐ b. les radicaux libres
- ☐ c. les antioxydants
- ☐ d. l'absorption de vitamines
- ☐ e. le raccourcissement des télomères

65 – Ces hormones sont hypophysaires sauf une. Indiquez laquelle.

- ☐ a. la corticotrophine (ACTH)
- ☐ b. l'hormone de croissance (GH)
- ☐ c. l'hormone folliculo-stimulante (FSH)
- ☐ d. la parathormone (PTH)
- ☐ e. l'hormone lutéinisante (LH)

66 – Le cortisol est une hormone :

- ☐ a. hypophysaire
- ☐ b. rénale
- ☐ c. thyroïdienne
- ☐ d. corticosurrénalienne
- ☐ e. hépatique

67 – À propos des causes de l'acidose respiratoire, vous retenez :

- ☐ a. le bronchospasme
- ☐ b. l'empoisonnement par un acide
- ☐ c. les neurotoxiques
- ☐ d. les tumeurs cérébrales
- ☐ e. l'intoxication par l'éthanol

68 – Le pancréas :

- ☐ a. est une glande mixte
- ☐ b. est endocrine
- ☐ c. est exocrine
- ☐ d. sécrète l'insuline
- ☐ e. sécrète de la bile

69 – Le centre qui module l'activité du système nerveux autonome est :

- ☐ a. le cervelet
- ☐ b. l'hypophyse
- ☐ c. l'hypothalamus
- ☐ d. le foramen interrégional
- ☐ e. le 4e ventricule

70 – Lesquelles de ces affirmations sont justes ?

- ☐ a. le thorax comprend 14 paires de côtes
- ☐ b. le thorax protège le cœur, les poumons, les gros vaisseaux

☐ c. les côtes flottantes sont liées au sternum
☐ d. les paires de côtes s'articulent avec les vertèbres thoraciques
☐ e. seules les côtes flottantes sont appelées « gril costal »

71 – L'hormone antidiurétique permet de réguler :
☐ a. le sodium
☐ b. le potassium
☐ c. le calcium
☐ d. le glucose
☐ e. l'eau

72 – Quelle affirmation est fausse ?
☐ a. la transcription est réalisée par l'ARN polymérase
☐ b. l'ARN messager est une copie des gènes
☐ c. l'ARN ribosomique permet de fixer un acide aminé
☐ d. l'ARN messager crée une séquence peptidique conforme au message
☐ e. l'ARN messager est une copie simple brin linéaire de l'ADN

73 – La déshydratation provoque :
☐ a. une baisse de la volémie
☐ b. une hausse de la pression artérielle
☐ c. une élévation de l'osmolarité
☐ d. une baisse de l'aldostérone
☐ e. une vasodilatation

74 – Quelle valeur est fausse ?
☐ a. la capacité pulmonaire totale est de 2 litres
☐ b. les valeurs normales PaO_2 varient entre 80 et 100 mmHg
☐ c. les valeurs normales de la $PaCO_2$ varient entre 38 et 42 mmHg
☐ d. les valeurs normales du pH varient entre 7,38 et 7,4
☐ e. le volume expiratoire maximal par seconde est de 3 litres

75 – La croissance des êtres humains est impactée par :
☐ a. des facteurs extrinsèques
☐ b. des facteurs intrinsèques
☐ c. des facteurs génétiques
☐ d. des facteurs philosophiques
☐ e. des facteurs religieux

76 – L'insuline :
☐ a. est produite par les cellules bêta des îlots de Langerhans
☐ b. est une hormone pancréatique
☐ c. active la glycogénogenèse
☐ d. inhibe la lipogenèse
☐ e. active la synthèse des corps cétoniques

77 – Les nerfs crâniens peuvent être :

☐ a. sensitifs
☐ b. sensoriels
☐ c. moteurs
☐ d. mixtes
☐ e. inutiles

78 – L'alcalose respiratoire peut être liée à :

☐ a. une altitude élevée
☐ b. des diurétiques
☐ c. une ingestion d'alcalins
☐ d. une aspiration gastrique
☐ e. une surcharge en minéralocorticoïdes

79 – Quels effets dépendent du système nerveux sympathique ?

☐ a. une dilatation des pupilles
☐ b. une inhibition de la sécrétion salivaire
☐ c. une diminution de la fréquence cardiaque
☐ d. une stimulation de la miction
☐ e. une vasodilatation

80 – L'épiderme est :

☐ a. innervé
☐ b. un épithélium
☐ c. en constant renouvellement
☐ d. la couche externe de la peau
☐ e. nourri par le derme

81 – Les éléments suivants appartiennent au rein sauf un. Indiquez lequel.

☐ a. le tubule
☐ b. le glomérule
☐ c. la capsule
☐ d. l'anse de Henlé
☐ e. l'urètre

82 – L'aneuploïdie se manifeste :

☐ a. lorsque le nombre de chromosomes n'est pas un multiple entier du nombre haploïde
☐ b. par une monosomie
☐ c. par une trisomie
☐ d. en cas de polyploïdie
☐ e. en cas de triploïdie

83 – La peau a un rôle de :

☐ a. protection des agressions extérieures
☐ b. protection immunitaire

☐ c. protection mécanique
☐ d. protection thermique
☐ e. désensibiliser

84 – Les phénomènes suivants sont liés à l'acidose métabolique sauf un. Indiquez lequel.

☐ a. l'augmentation de la ventilation
☐ b. la diminution de la concentration du plasma en HCO_3^-
☐ c. l'excrétion de H^+
☐ d. la production d'acide lactique
☐ e. la diminution de la ventilation

85 – À 3 ans, le volume du cerveau atteint :

☐ a. 80 % de ses dimensions adultes
☐ b. 20 % de ses dimensions adultes
☐ c. 50 % de ses dimensions adultes
☐ d. 100 % de ses dimensions adultes
☐ e. 65 % de ses dimensions adultes

86 – Concernant les phases du cycle cardiaque appartenant à la diastole, vous retenez :

☐ a. le remplissage auriculaire
☐ b. la contraction auriculaire
☐ c. la contraction ventriculaire isovolumétrique
☐ d. l'éjection ventriculaire isotonique
☐ e. le relâchement ventriculaire isovolumétrique

87 – Quelle est l'hormone hypoglycémiante ?

☐ a. le cortisol
☐ b. l'hormone de croissance
☐ c. l'adrénaline
☐ d. l'insuline
☐ e. le glucagon

88 – Les causes d'alcalose respiratoire sont :

☐ a. une anémie sévère
☐ b. une maladie pulmonaire
☐ c. une septicémie à Gram négatif
☐ d. des diurétiques
☐ e. des vomissements avec sténose du pylore

89 – Les artères de la tête et du cou comprennent les éléments suivants sauf un. Indiquez lequel.

☐ a. les carotides externes
☐ b. les carotides internes

- ☐ c. l'aorte
- ☐ d. l'artère vertébrale
- ☐ e. l'artère sous-clavière

90 – Les éléments suivants appartiennent au système immunitaire sauf un. Indiquez lequel.

- ☐ a. les granulocytes
- ☐ b. les lymphocytes
- ☐ c. les mastocytes
- ☐ d. les thrombocytes
- ☐ e. les hépatocytes

91 – Les éléments suivants appartiennent au système circulatoire sauf un. Indiquez lequel.

- ☐ a. le myocarde
- ☐ b. le ventricule droit
- ☐ c. la valvule aortique
- ☐ d. la plèvre
- ☐ e. l'aorte

92 – Les vaisseaux sanguins sont composés de trois couches. Lesquelles ?

- ☐ a. l'intima
- ☐ b. le cortex
- ☐ c. l'adventice
- ☐ d. la médulla
- ☐ e. la média

93 – La traduction génétique :

- ☐ a. concerne le message inscrit dans la séquence d'acide nucléique
- ☐ b. implique un changement de langage
- ☐ c. ignore la séquence protéique
- ☐ d. est l'interprétation des codons de l'ARNm en acides aminés
- ☐ e. s'effectue dans le cytoplasme

94 – Les éléments suivants participent à la régulation de la pression artérielle sauf un. Indiquez lequel.

- ☐ a. le bulbe rachidien
- ☐ b. l'angiotensine
- ☐ c. la rénine
- ☐ d. l'aldostérone
- ☐ e. l'héparine

95 – Les éléments suivants désignent les lobes cérébraux sauf un. Indiquez lequel.

- ☐ a. le frontal
- ☐ b. le facial

- ☐ c. le pariétal
- ☐ d. le temporal
- ☐ e. l'occipital

96 – À la puberté, la croissance :

- ☐ a. s'accélère
- ☐ b. s'arrête (vers 16–18 ans)
- ☐ c. marque une pause
- ☐ d. s'inverse
- ☐ e. est plus importante chez les filles

97 – Le glucagon :

- ☐ a. active la glycogénolyse
- ☐ b. inhibe la glycogénogenèse
- ☐ c. est une hormone hypoglycémiante
- ☐ d. active la néoglucogenèse
- ☐ e. est une hormone hyperglycémiante

98 – Les éléments suivants appartiennent au cœur sauf un. Indiquez lequel.

- ☐ a. les oreillettes
- ☐ b. les ventricules
- ☐ c. le faisceau de His
- ☐ d. le septum interventriculaire
- ☐ e. le tronc supra-aortique

99 – À propos du cortisol, identifiez l'affirmation fausse.

- ☐ a. le cortisol est une hormone des corticosurrénales
- ☐ b. le cortisol a un rôle dans la régulation de la glycémie
- ☐ c. une hypersécrétion de cortisol provoque une hypersomnie
- ☐ d. le cortisol provoque une rétention de sodium
- ☐ e. le cortisol est une hormone stéroïde

100 – La réponse immunitaire est :

- ☐ a. innée
- ☐ b. non spécifique
- ☐ c. adaptative
- ☐ d. à médiation humorale
- ☐ e. instable

101 – Les valvules cardiaques sont appelées :

- ☐ a. tricuspides
- ☐ b. aortiques
- ☐ c. endocardiques
- ☐ d. mitrales
- ☐ e. artérielles

102 – La ceinture scapulaire comprend :

☐ a. les clavicules
☐ b. les omoplates
☐ c. l'os coxal
☐ d. le pubis
☐ e. le bassin

103 – Quels sont les orifices abouchant l'estomac au reste du tube digestif ?

☐ a. l'ampoule de Vater
☐ b. le sphincter d'Oddi
☐ c. le cardia
☐ d. le pylore
☐ e. le canal de Wirsung

104 – Les artères suivantes sont situées sur le membre inférieur sauf une. Indiquez laquelle.

☐ a. l'artère radiale
☐ b. l'artère fémorale
☐ c. l'artère poplitée
☐ d. l'artère tibiale
☐ e. l'artère péronière

105 – L'ensemble du matériel génétique d'un individu s'appelle :

☐ a. le génome
☐ b. le génotype
☐ c. le caryotype
☐ d. le codage
☐ e. l'hérédité

106 – Le cortisol entraîne :

☐ a. l'inhibition du transport de glucose dans le muscle
☐ b. l'augmentation du catabolisme protéique
☐ c. l'activité anti-insuline
☐ d. l'augmentation de la glycogénolyse et de la néoglucogenèse
☐ e. la sécrétion d'insuline

107 – Le tissu nodal se compose :

☐ a. du nœud sinusal
☐ b. des coronaires
☐ c. du nœud septal
☐ d. du faisceau de His
☐ e. du réseau de Purkinje

108 – L'adolescence concerne :

- ☐ a. le corps et la personnalité
- ☐ b. le passage de l'âge adulte à la vieillesse
- ☐ c. seulement les garçons
- ☐ d. seulement les filles
- ☐ e. une période courte de 1 an

109 – Les éléments suivants ont un rapport avec la thermorégulation sauf un. Indiquez lequel.

- ☐ a. la thermogenèse
- ☐ b. la thermolyse
- ☐ c. la sudation
- ☐ d. l'hypothalamus
- ☐ e. le thermostat

110 – La valeur normale de la pression artérielle est de (en mmHg) :

- ☐ a. 100/50
- ☐ b. 90/40
- ☐ c. 130/70
- ☐ d. 200/100
- ☐ e. 180/190

111 – Vous obtenez les résultats d'une gazométrie artérielle. Lequel ne correspond pas à la norme ?

- ☐ a. pH : 7,38 à 7,42
- ☐ b. PaO_2 entre 73 et 100 mmHg
- ☐ c. $PaCO_2$: 35 à 45 mmHg
- ☐ d. Bicarbonates (HCO_3^-) : 22 à 26 mmol/l
- ☐ e. $SatO_2$: 70 %

112 – Parmi les propositions suivantes, un élément appartient au système lymphatique. Indiquez lequel.

- ☐ a. la lymphe
- ☐ b. les globules rouges
- ☐ c. les plaquettes
- ☐ d. les cellules adipeuses
- ☐ e. les neurones

113 – Quel est le rôle de la lipase pancréatique ?

- ☐ a. elle participe à la digestion des glucides
- ☐ b. elle participe à l'absorption des lipides
- ☐ c. elle permet la transformation des triglycérides en acide gras et glycérol
- ☐ d. elle participe à la digestion des protides
- ☐ e. elle inhibe la digestion des lipides

114 – Le rachis lombaire se compose de :

- ☐ a. 7 vertèbres cervicales
- ☐ b. 12 vertèbres thoraciques
- ☐ c. 7 vertèbres lombaires
- ☐ d. 5 vertèbres sacrées
- ☐ e. 8 vertèbres coccygiennes

115 – Un allèle peut être :

- ☐ a. récessif
- ☐ b. dominant
- ☐ c. coopérant
- ☐ d. codominant
- ☐ e. dominé

116 – Ces hormones ont un lien avec le rein sauf une. Indiquez laquelle.

- ☐ a. la rénine
- ☐ b. l'aldostérone
- ☐ c. l'angiotensine
- ☐ d. la thyroxine
- ☐ e. l'hormone antidiurétique

117 – La thermolyse :

- ☐ a. consiste à évacuer le trop-plein de chaleur accumulé par l'organisme
- ☐ b. permet de maintenir la température corporelle autour de 37 °C
- ☐ c. permet de réchauffer le corps
- ☐ d. permet de refroidir le corps
- ☐ e. n'a pas de lien avec la chaleur

118 – La croissance pubertaire impacte :

- ☐ a. les relations avec les parents
- ☐ b. la vision de son corps
- ☐ c. les comportements
- ☐ d. les relations avec le sexe opposé
- ☐ e. uniquement des changements physiques

119 – Quels éléments entrent dans la composition de l'urine primitive ?

- ☐ a. l'eau
- ☐ b. les petites protéines
- ☐ c. le glucose
- ☐ d. le sodium, le chlore, le potassium
- ☐ e. les lipides

120 – Quelles peuvent être les causes d'une acidose métabolique ?

- ☐ a. une acidocétose
- ☐ b. une pneumonie

☐ c. une insuffisance rénale
☐ d. des diarrhées
☐ e. une infection par le tétanos

121 – La moelle osseuse produit :

☐ a. les hématies
☐ b. les ovocytes
☐ c. les leucocytes
☐ d. les astrocytes
☐ e. les plaquettes

122 – L'appareil circulatoire est constitué des éléments suivants sauf un. Indiquez lequel.

☐ a. le cœur
☐ b. les vaisseaux lymphatiques
☐ c. les capillaires
☐ d. les artères
☐ e. les veines

123 – L'os le plus petit du corps humain est :

☐ a. le scaphoïde
☐ b. le tarse
☐ c. le septum nasal
☐ d. le métacarpe
☒ e. l'étrier

124 – La stéatorrhée est :

☐ a. la sécrétion d'une enzyme pancréatique
☐ b. une structure de la paroi jéjunale
☐ c. la présence anormalement élevée de graisse dans les selles
☐ d. un défaut d'absorption du glucose au niveau intestinal
☐ e. une anomalie des villosités intestinales

125 – Les éléments suivants existent sous forme de nucléotide sauf un. Indiquez lequel.

☐ a. l'adénine
☐ b. la thymine
☐ c. la guanine
☐ d. l'insuline
☐ e. la cytosine

126 – Les tissus du cœur sont :

☐ a. le myocarde
☐ b. l'endocarde
☐ c. le péricarde

☐ d. l'intima
☐ e. l'adventice

127 – La cétogenèse a lieu dans :

☐ a. le foie
☐ b. le pancréas
☐ c. le côlon
☐ d. la rate
☐ e. le duodénum

128 – Les menstruations apparaissent chez la fille :

☐ a. entre 9 et 16 ans
☐ b. avant 9 ans
☐ c. après 15 ans
☐ d. après 45 ans
☐ e. au minimum 5 ans après les premiers signes pubertaires

129 – L'hypoxie est :

☐ a. définie comme la diminution du dioxygène au niveau tissulaire
☐ b. dite hypoxique quand elle est liée à la diminution de la PCO_2 artérielle
☐ c. dite anémique quand elle est liée à la diminution de l'hémoglobine circulante
☐ d. dite ischémique quand elle est liée à l'augmentation de la perfusion tissulaire
☐ e. une conséquence de l'hypoxémie

130 – Les rôles des hormones thyroïdiennes sont les suivants sauf un. Indiquez lequel.

☐ a. l'augmentation de la consommation d'O_2
☐ b. l'effet ostéolytique
☐ c. l'inhibition du système nerveux autonome
☐ d. l'augmentation de la motilité digestive
☐ e. l'augmentation de la fréquence cardiaque

131 – La lymphe est :

☐ a. un filtrat du sang
☐ b. composée de plasma
☐ c. composée de lymphocytes
☐ d. composée de globules rouges
☐ e. collectée par des veines

132 – Les éléments suivants appartiennent au tube digestif sauf un. Indiquez lequel.

☐ a. l'œsophage
☐ b. l'estomac

☐ c. le duodénum
☐ d. la rate
☐ e. le côlon

133 – À propos des moyens permettant d'abaisser la température, vous retenez :

☐ a. le rayonnement
☐ b. la convection
☐ c. l'évaporation
☐ d. la sudation
☐ e. la vasoconstriction

134 – Les caractères sexuels secondaires sont :

☐ a. la pilosité
☐ b. la longueur des cheveux
☐ c. la voix
☐ d. les seins
☐ e. la masse musculaire

135 – L'absorption intestinale au niveau de l'intestin grêle est facilitée par :

☐ a. les dispositifs d'amplification de la surface
☐ b. une vascularisation importante
☐ c. sa longueur
☐ d. la faible épaisseur
☐ e. son diamètre

136 – En cas de diminution du pH, quels éléments participent à la régulation ?

☐ a. le bulbe rachidien
☐ b. les chémorécepteurs
☐ c. les muscles respiratoires
☐ d. le foie
☐ e. le rein

137 – Tous les éléments suivants sont des globules blancs sauf un. Indiquez lequel.

☐ a. le granulocyte
☐ b. le monocyte
☐ c. le lymphocyte
☐ d. le thrombocyte
☐ e. le polynucléaire

138 – L'unité fonctionnelle du foie se nomme :

☐ a. l'hépatocyte
☐ b. le lobule hépatique
☐ c. un sinus

☐ d. l'espace porte
☐ e. le segment hépatique

■ 139 – Les hormones suivantes sont hypophysaires sauf une. Indiquez laquelle.

☐ a. ACTH
☐ b. T_3, T_4
☐ c. GH
☐ d. TSH
☐ e. FSH

■ 140 – Laquelle de ces affirmations est fausse :

☐ a. L'appareil génital complète son développement à la puberté.
☐ b. Le système lymphoïde est mature à 15 ans.
☐ c. De 0 à 2 ans la croissance est rapide.
☐ d. La croissance de 2 ans à la puberté dépend de la GH.
☐ e. Pendant la puberté, les androgènes sont déterminants.

Réponses aux QCM

1 – a. – b. – d. – e.
2 – c.
3 – a.
4 – b. – C'est la calcémie.
5 – a. – b. – c. – d. – e.
6 – d. – C'est une pathologie des osselets de l'oreille.
7 – a. – c. – d. – e.
8 – d.
9 – a. – b. – c.
10 – e.
11 – e. – Il s'agit d'un autre type de cellule.
12 – d. – La différence de taille varie de 12 à 15 cm.
13 – a. – d.
14 – a. – b.
15 – a. – c.
16 – a. – b. – d.
17 – a. – b. – c.
18 – d.
19 – e. – C'est une phase de la méiose.
20 – e. – Les nerfs crâniens font partie du système nerveux périphérique.
21 – a. – d. – e.
22 – a. – b. – d. – e.
23 – c.

24 – e.
25 – d.
26 – a. – c. – d. – La formation du liquide céphalorachidien est réalisée grâce aux cellules épendymaires et la phagocytose par les microglies.
27 – c.
28 – d.
29 – b.
30 – c.
31 – d.
32 – c. – d.
33 – d.
34 – a. – b. – c. – d.
35 – a. – b. – c. – e. – Le volume vital n'existe pas, c'est une capacité.
36 – a. – c. – d.
37 – a. – b. – c.
38 – a. – b. – c. – d.
39 – a. – b. – c. – e.
40 – a. – b. – c.
41 – e.
42 – a. – b. – c. – d.
43 – a. – b. – c. – e.
44 – a. – c. – e.
45 – d.
46 – b.
47 – a. – b. – c. – e.
48 – e. – C'est un médicament.
49 – a. – b. – e.
50 – a. – b. – c.
51 – d.
52 – e.
53 – c.
54 – c.
55 – a. – b.
56 – a. – d. – e.
57 – a. – d.
58 – a. – b. – e.
59 – d.
60 – c. L'épididyme est un élément du système reproducteur masculin.
61 – b.
62 – a. – b. – c. – Elle augmente en cas d'hypoglycémie ; elle est inhibée par la somatostatine.

63 – a. – b. – c. – d.
64 – a. – b. – c. – e.
65 – d. – C'est une hormone thyroïdienne.
66 – d.
67 – a. – c. – d.
68 – a. – b. – c. – d.
69 – c.
70 – b. – d. – L'ensemble des côtes sont appelées « gril costal ».
71 – e.
72 – c. – Il s'associe aux protéines pour former des ribosomes.
73 – a. – b. – c. – d.
74 – a. – La capacité pulmonaire totale est de 5 litres.
75 – a. – b. – c.
76 – a. – b. – c.
77 – a. – b. – c. – d.
78 – a.
79 – a. – b. – e.
80 – b. – c. – d. – e.
81 – e.
82 – a. – b. – c.
83 – a. – b. – c. – d.
84 – e.
85 – a.
86 – a. – b. – e.
87 – d.
88 – a. – b. – c.
89 – c.
90 – e. – C'est une cellule hépatique.
91 – d.
92 – a. – c – e.
93 – a. – b. – d. – e.
94 – e.
95 – b.
96 – a. – b.
97 – a. – b – d. – e.
98 – e.
99 – c.
100 – a. – b. – c. – d.
101 – a. – b. – d.
102 – a. – b.
103 – c. – d.

104 – a. – C'est une artère du membre supérieur.
105 – a.
106 – a. – b. – c. – d.
107 – a. – c. – d. – e.
108 – a.
109 – e.
110 – c.
111 – e.
112 – a.
113 – b. – c.
114 – a. – b. – d.
115 – a. – b. – d.
116 – d.
117 – a. – b.
118 – a. – b. – c. – d.
119 – a. – b. – c. – d.
120 – a. – c. – d.
121 – a. – c. – e.
122 – b.
123 – e.
124 – c.
125 – d. – L'insuline est une hormone peptidique.
126 – a. – b. – c.
127 – a.
128 – a.
129 – a. – c. – e.
130 – c.
131 – a. – b. – c.
132 – d.
133 – a. – b. – c. – d.
134 – a. – c. – d. – e.
135 – a. – b. – d.
136 – a. – b. – c. – e.
137 – d. – Ce n'est pas un globule blanc mais une plaquette.
138 – a.
139 – b. – C'est une hormone thyroïdienne.
140 – b.

Entraînez-vous avec des QROC

1 – Citez les quatre bases azotées de l'ADN.

2 – Définissez la pression osmotique.

3 – Citez les cellules qui composent le tissu nerveux.

■ **4 – Quelles hormones pancréatiques participent à la régulation de la glycémie et que provoquent-elles ?**

....

....

....

....

....

....

....

....

■ **5 – Définissez les termes suivants : anosmie, décussation, acouphènes, accommodation.**

....

....

....

....

....

....

....

....

■ **6 – Complétez la phrase suivante.**

Le muscle responsable du mouvement est .... Celui qui s'y oppose est .... D'autres favorisent le mouvement en aidant les premiers ; ce sont les .... Dans le cas où ils stabilisent le mouvement, ce sont des muscles ....

■ **7 – Citez les trois rythmes biologiques du sommeil.**

....

....

....

....

....

■ 8 – Définissez les trois étapes de l'hémostase. Expliquez succinctement en quoi elles consistent.

■ 9 – Quelles caractéristiques structurales de la paroi intestinale sont responsables de la fonction d'absorption de l'intestin grêle ? Justifiez votre réponse.

■ 10 – Citez les cinq phases de la révolution cardiaque et décrivez pour chacune d'entre elles les phénomènes qui s'y rattachent.

....

....

....

11 – Complétez le texte suivant :

Le tube rénal est composé successivement du ...., zone importante de réabsorptions ; de ...., qui possède une anse descendante fine suivie d'une partie épaisse ; de la branche descendante, qui est perméable à l'eau ; de la branche ascendante, qui est imperméable à l'eau et permet la réabsorption de sel.

Le .... est également impliqué dans les phénomènes de réabsorption. Il est très proche de la .... La .... forme un épithélium modifié à côté de la capsule, accolé au glomérule ; elle présente une grande proximité avec les artérioles afférentes et efférentes. Cette proximité forme l'appareil juxtaglomérulaire. Enfin, le .... déverse l'urine définitive au niveau de la papille rénale.

12 – Définissez les termes suivant : haploïde, diploïde, allèle, génotype.

....

....

....

....

....

....

....

....

13 – Expliquez la vascularisation du foie.

....

....

....

....

....

....

....

....

14 – Décrivez le côlon et expliquez brièvement son rôle.

15 – Quel est le rôle du cervelet ?

16 – Expliquez succinctement la systole et la diastole.

17 – Citez les trois systèmes physiologiques qui entrent en jeu lors d'un exercice musculaire.

18 – Définissez la fonction du glomérule rénal.

19 – En faisant appel à vos connaissances, expliquez comment les mouvements de la cage thoracique peuvent entraîner des modifications de volume pulmonaire.

Réponses aux QROC

1

L'acide désoxyribonucléique (ADN), principal constituant des chromosomes, est un acide nucléique support de l'information génétique et de la transmission de l'hérédité. Les quatre bases azotées sont : l'adénine, la thymine, la guanine et la cytosine.

2

C'est une pression empêchant un solvant de passer au travers d'une membrane semi-perméable. Lorsque ce liquide arrive à passer, sous l'action d'un gradient de concentration, on parle d'osmose.

3

Le système nerveux correspond à l'ensemble des structures qui coordonnent les fonctions d'un individu et favorisent ses relations avec le milieu extérieur. Il est composé de plusieurs cellules :

- neurone : cette cellule élabore, modifie et transmet l'influx nerveux ;
- astrocytes : ils représentent la réserve énergique cérébrale ;
- oligodendrocytes : ce sont des cellules de la névroglie interstitielle ; celles-ci ont un rôle essentiel dans la formation de la myéline au niveau du système nerveux central ;
- microglies ou microgliocytes : ce sont des cellules gliales constituées de macrophages résidents du cerveau et de la moelle épinière ; elles forment la principale défense immunitaire active du système nerveux central ;
- épendymaires ou épendymocytes : elles bordent l'épendyme et les ventricules cérébraux. Elles assurent l'interface entre le système nerveux et le liquide céphalorachidien.

4

Le pancréas est une glande endocrine qui se trouve dans l'abdomen. Il intervient dans la régulation de la glycémie par la production de deux hormones :

- l'insuline : sécrétée par les cellules bêta des îlots de Langerhans, elle fait baisser la glycémie ;
- le glucagon : sécrétée par les cellules alpha des îlots de Langerhans, elle augmente la glycémie.

5

- Anosmie : perte de l'odorat.
- Décussation : passage de fibres nerveuses d'un côté du corps vers l'hémisphère cérébral opposé.
- Acouphènes : perception de sons en l'absence de toutes stimulations.
- Accommodation : le cristallin se déforme pour adapter sa distance focale.

6

Le muscle responsable du mouvement est **agoniste**. Celui qui s'y oppose est **antagoniste**. D'autres favorisent le mouvement en aidant les premiers ; ce sont les **synergiques**. Dans le cas où ils stabilisent le mouvement, ce sont des muscles **fixateurs**.

7

Il y a trois rythmes biologiques de sommeil :

- rythme circadien : c'est un rythme biologique présent chez presque tous les vertébrés qui va durer environ 24 heures et comporter un jour et une nuit ;
- rythme ultradien : également appelé rapide, ce sommeil va durer moins de 24 heures. Il se présente donc à une fréquence supérieure au rythme circadien ;
- rythme infradien ou lent qui va durer plus de 24 heures. Il se présente donc à une fréquence inférieure au rythme circadien.

8

Les trois étapes de l'hémostase sont les suivantes :

- l'hémostase primaire : elle consiste en la formation d'un agrégat plaquettaire ou thrombus blanc qui permet l'arrêt des saignements dans les capillaires les plus fins ;
- la coagulation plasmatique : il se forme un agrégat plaquettaire qui emprisonne des globules rouges (thrombus rouge) et permet de consolider l'agrégat plaquettaire ;
- la fibrinolyse : c'est la lyse du caillot ; elle permet de conserver la perméabilité vasculaire une fois le processus achevé.

9

Les caractéristiques structurales de la paroi intestinale sont les suivantes :

- une grande surface avec différents niveaux d'amplification : valvules conniventes, villosités intestinales et microvillosités des entérocytes ;
- une faible épaisseur séparant la lumière intestinale et les liquides interstitiels (la hauteur d'un entérocyte) ;
- une grande vascularisation : un lit capillaire au niveau de chaque villosité.

10

Les cinq phases de la révolution cardiaque sont les suivantes :

- remplissage auriculaire : le sang arrive dans les oreillettes, les valvules tricuspides et mitrales sont fermées, le remplissage des ventricules commence ;
- contraction auriculaire : les oreillettes se contractent, le sang passe dans les ventricules ;
- contraction ventriculaire isovolumétrique : toutes les valvules sont fermées, les ventricules se contractent, le sang est mis sous pression ;
- éjection ventriculaire isotonique : ouverture des valvules pulmonaires et aortiques, le sang est éjecté dans les artères ;
- relâchement ventriculaire isovolumétrique : toutes les valvules sont fermées, relâchement des ventricules.

11

Le tube rénal est composé successivement du **tube contourné proximal**, zone importante de **réabsorptions** ; de l'anse de Henlé, qui possède une anse descendante fine suivie d'une partie épaisse ; de la branche descendante, qui est perméable à l'eau ; de la branche ascendante, qui est imperméable à l'eau et permet la réabsorption de sel.

Le **tube contourné distal** est également impliqué dans les phénomènes de réabsorption. Il est très proche de la **capsule de Bowman**. La **macula densa** forme un épithélium modifié à côté de la capsule, accolé au glomérule ; elle présente une grande proximité avec les artérioles afférentes et efférentes. Cette proximité forme l'appareil juxtaglomérulaire. Enfin, le **canal collecteur** déverse l'urine définitive au niveau de la papille rénale.

12

- Haploïde : c'est une cellule dont le noyau ne contient qu'un seul chromosome de chaque paire.
- Diploïde : cellules dont les chromosomes sont semblables deux à deux et qui peuvent être associées par paires homologues. Après fécondation, l'état diploïde résulte de la réunion d'un lot de chromosomes originaires de la mère et du père.
- Allèle : c'est la variante d'un gène, qui est le résultat d'une mutation héréditaire. Elle assure la même fonction que le gène initial, mais selon ses modalités propres.
- Génotype : il s'agit de l'ensemble des caractères génétiques d'un être vivant, traduit ou pas dans son phénotype.

13

Le sang arrive à la fois par l'artère hépatique et par la veine porte au rythme de 1 litre par minute dont 75 % par la veine porte. La veine porte est la réunion des veines mésentériques supérieures et inférieures et de la veine splénique. Elle apporte au foie les produits de la digestion contenus dans le sang de provenance intestinale. Le terme « porte » signifie segment entre deux systèmes capillaires – entre les systèmes capillaires intestinal et hépatique dans ce cas. Le drainage se fait par les veines sus-hépatiques qui rejoignent la veine sus-hépatique.

14

Le côlon s'étend de la partie terminale de l'iléon jusqu'au rectum. Il se compose du côlon ascendant, du côlon transverse, du côlon descendant et du sigmoïde. Des phénomènes moteurs (péristaltisme) vont permettre la progression du bol alimentaire vers le sigmoïde. Des phénomènes chimiques permettent la réabsorption d'eau, de sels minéraux et de certains médicaments. Des phénomènes bactériens entrent en jeu. Ils permettent la synthèse de la vitamine K et de l'acide folique.

15

Le cervelet appartient à l'encéphale. Il est situé en arrière du tronc cérébral sous les hémisphères cérébraux. Le cervelet est un élément essentiel dans la coordination, la précision et la synchronisation des mouvements, notamment automatiques.

■ 16

La systole et la diastole sont issues de la révolution cardiaque. La systole correspond à la contraction ventriculaire et comporte essentiellement l'éjection ventriculaire à travers les valves aortiques et pulmonaires. La diastole donne lieu au remplissage des ventricules ; elle dure plus longtemps que la systole. C'est le temps de relâchement musculaire.

■ 17

Les systèmes physiologiques qui rentrent en jeu lors d'un exercice musculaire sont les systèmes :

- respiratoire ;
- cardiovasculaire ;
- musculaire.

■ 18

Le glomérule rénal, également appelé corpuscule de Malpighi, est la structure la plus proximale du néphron. C'est une chambre de filtration où se forme l'urine primitive, ultrafiltrat du plasma filtré à travers les capillaires glomérulaires.

■ 19

Les poumons adhèrent à la cage thoracique par la plèvre ; ils suivent donc ses mouvements. Toute modification du volume de la cage thoracique se traduit par un changement du volume pulmonaire. On distingue différents volumes pulmonaires mobilisables :

- la capacité vitale : volume maximal d'air inspiré après une expiration forcée (environ 4500 ml) ;
- le volume courant : volume d'air qui entre et qui sort du poumon lors d'une inspiration (environ 500 ml) ;
- le volume de réserve inspiratoire : volume maximal inspiré au-delà d'une inspiration (environ 3000 ml) ;
- le volume de réserve expiratoire : volume maximal expiré au-delà d'une expiration normale (environ 3000 ml).

Entraînez-vous avec des schémas

Schéma 1 : Complétez le schéma de l'arc réflexe.

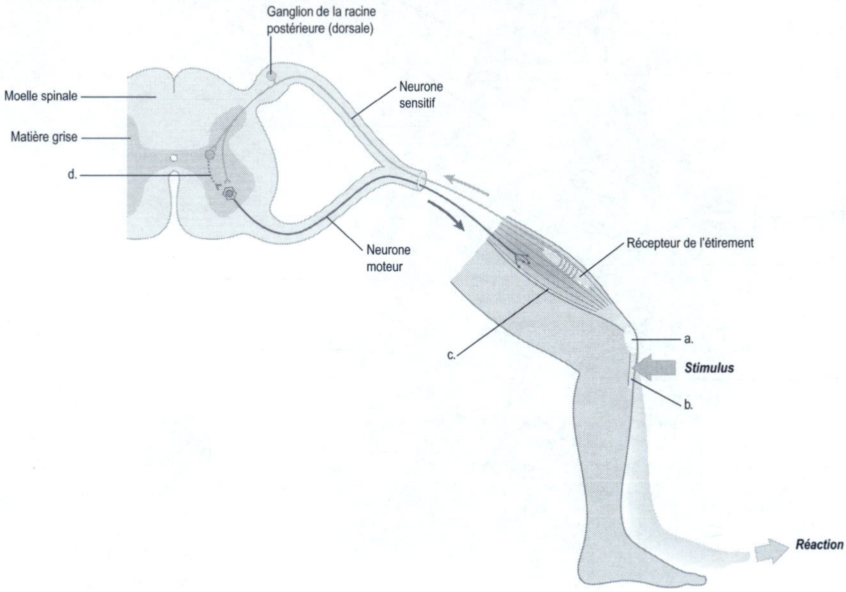

Source : *Ross et Wilson, Anatomie et physiologie normales et pathologiques*, par Waugh, Elsevier Masson, 2011.

Schéma 2 : Complétez le schéma du neurone.

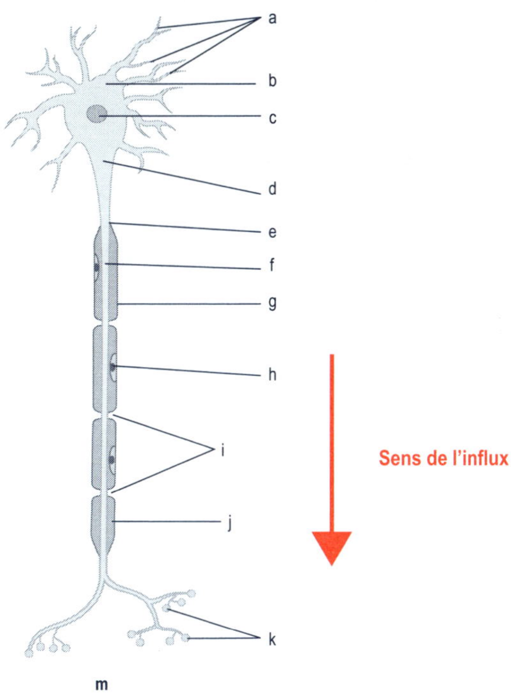

Source : *Ross et Wilson, Anatomie et physiologie normales et pathologiques*, par Waugh, Elsevier Masson, 2011.

■ Schéma 3 : Complétez le schéma du cœur.

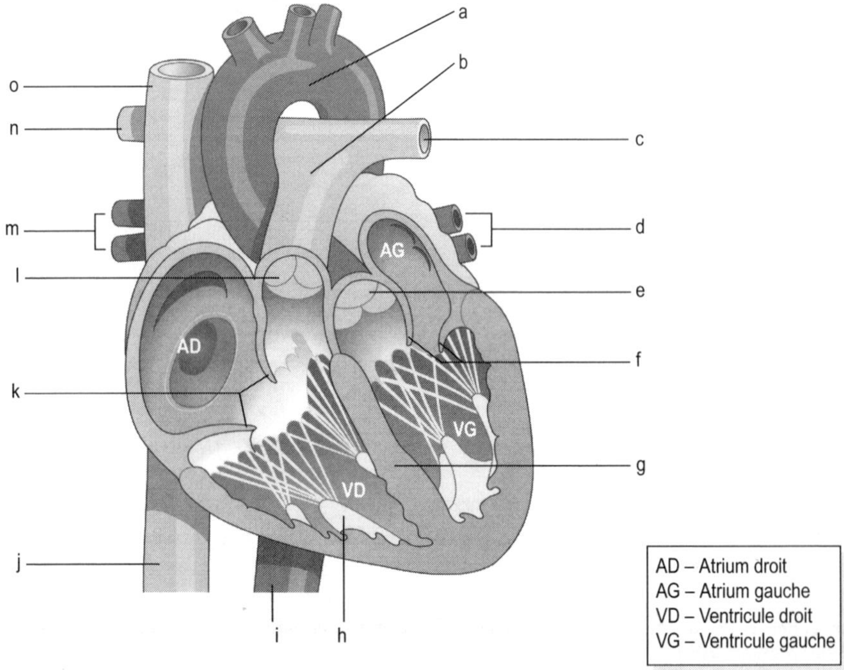

Source : *Ross et Wilson, Anatomie et physiologie normales et pathologiques*, par Waugh, Elsevier Masson, 2011.

Schéma 4 : Complétez le schéma de l'anatomie du jéjunum, de l'iléon et du côlon.

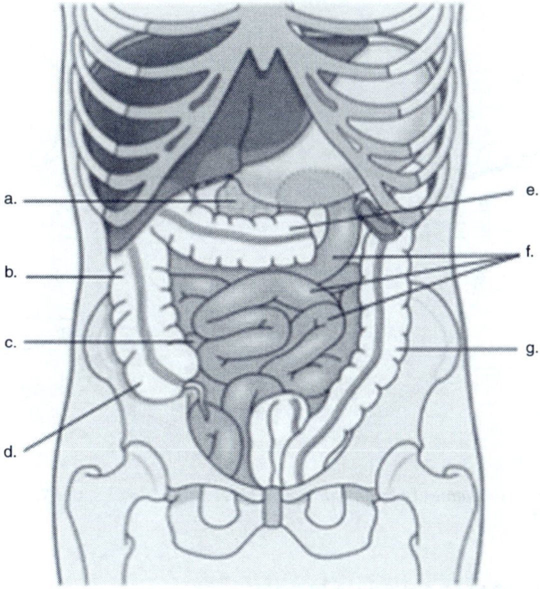

Schéma 5 : Complétez le schéma de l'œil.

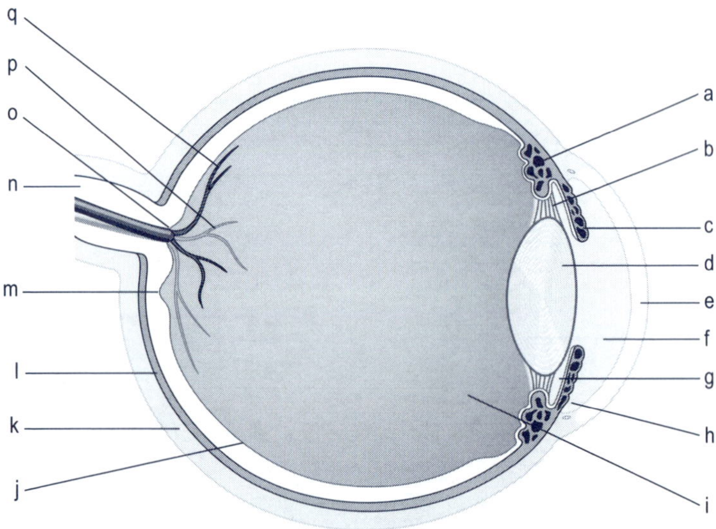

Source : *Ross et Wilson, Anatomie et physiologie normales et pathologiques*, par Waugh, Elsevier Masson, 2011.

Schéma 6 : Annotez la coupe de la peau.

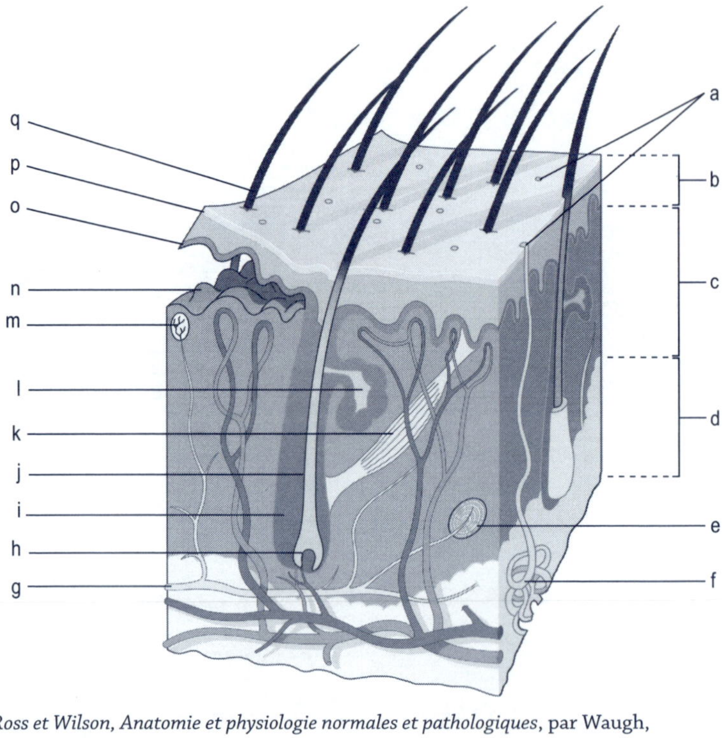

Source : *Ross et Wilson, Anatomie et physiologie normales et pathologiques*, par Waugh, Elsevier Masson, 2011.

Schéma 7 : Annotez le schéma du squelette.

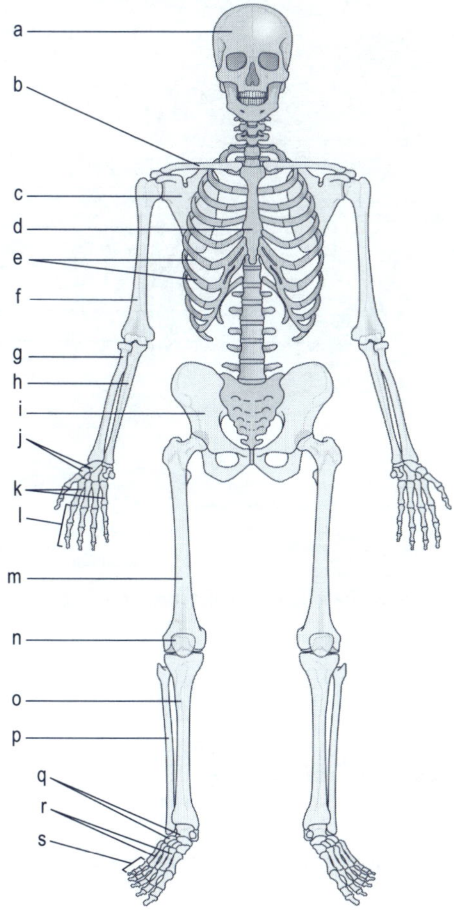

Source : *Ross et Wilson, Anatomie et physiologie normales et pathologiques,* par Waugh, Elsevier Masson, 2011.

■ Schéma 8 : Complétez le schéma des voies aériennes et du nez.

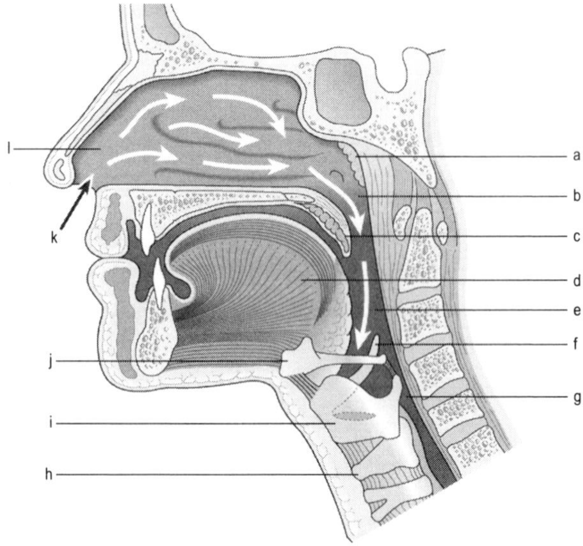

Source : *Ross et Wilson, Anatomie et physiologie normales et pathologiques*, par Waugh, Elsevier Masson, 2011.

Réponses aux schémas

■ Schéma 1

a) Patella (rotule). b) Tendon patellaire (rotulien). c) Muscle quadriceps (effecteur). d) Interneurone.

■ Schéma 2

a) Dendrite. b) Corps cellulaire. c) Noyau. d) Cône axonique. e) Axolemme. f) Axone. g) Gaine de Schwann. h) Noyau de la cellule de Schwann. i) Nœud de Ranvier. j) Gaine de Myéline. k) Arborisation terminale.

■ Schéma 3

a) Arc de l'aorte. b) Artère pulmonaire. c) Artère pulmonaire gauche. d) Veines pulmonaires gauches. e) Valve aortique. f) Valve auriculo-ventriculaire gauche. g) Cloison. h) Muscle papillaire avec cordages tendineux. i) Aorte. j) Veine cave inférieure. k) Valve auriculo-ventriculaire droite. l) Valve pulmonaire droite. m) Veines pulmonaires droites. n) Artère pulmonaire droite. o) Veine cave supérieure.

■ Schéma 4

a) Pancréas. b) Côlon ascendant. c) Partie terminale de l'iléon. d) Caecum. e) Côlon transverse. f) Jéjunum et iléon. g) Côlon descendant.

Schéma 5

a) Corps ciliaire. b) Ligament suspenseur. c) Iris. d) Lentille. e) Cornée. f) Chambre antérieure. g) Chambre postérieure. h) Sinus veineux scléral (canal de Schemm). i) Corps vitreux. j) Rétine. k) Sclérotique. l) Choroïde. m) Macula lutea. n) Nerf optique. o) Papille optique. p) Veineuse rétinienne. q) Artère rétinienne.

Schéma 6

a) Ouverture des canaux sudoripares. b) Épiderme. c) Derme. d) Tissus sous-cutané. e) Corpuscule de Pacini. f) Glandes sudoripares. g) Nerf cutané. h) Papille (bulbe). i) Follicule pileux. j) Racine pileuse. k) Muscle arrecteur du poil. l) Glande sébacée. m) Corpuscule de Meissner. n) Papille dermique. o) Couche germinative. p) Couche cornée. q) Tige du poil.

Schéma 7

a) Crâne. b) Clavicule. c) Omoplate. d) Sternum. e) Côtes. f) Humérus. g) Radius. h) Cubitus. i) Pelvis. j) Os carpiens. k) Os métacarpiens. l) Phalanges. m) Fémur. n) Rotule. o) Tibia. p) Fibule. q) Os tarsiens. r) Os métatarsiens. s) Phalanges.

Schéma 8

a) Amygdale du nasopharynx. b) Nasopharynx. c) Palais mou. d) Langue. e) Oropharynx. f) Épiglotte. g) Laryngopharynx. h) Cartilage cricoïde. i) Cartilage tyroïde. j) Os hyoïde. k) Air. l) Cavité nasale.

CHAPITRE 5

UE 2.4 – Processus traumatiques

OBJECTIFS/CONTENU DE L'UE

Objectifs de l'unité d'enseignement[5]

- Expliquer la notion de processus physiopathologique
- Caractériser les principes de la sémiologie
- Explorer la notion de processus traumatique physique
- Expliquer la survenue des pathologies traumatiques
- Identifier les signes, les complications, les risques, les traitements des traumatismes étudiés

Éléments de contenu

- Le processus traumatique et les divers types de traumatismes : par cause, par organe, par domaine ; les mécanismes d'apparition des traumatismes
- Le choc traumatique et ses conséquences : contusion, plaie, hématome, entorse, fracture, luxation, etc.
- La traumatologie par organe : squelette et articulations, lésions de la peau, traumatisme crânien, traumatisme rachidien, traumatisme thoracique, traumatisme abdominopelvien
- Les traumatismes par domaines : routier, sportif, psychique
- Les polytraumatismes
- L'urgence en traumatologie.

Les pathologies ou problèmes de santé étudiés au cours de la formation sont énumérés ci-dessous ; d'autres peuvent être ajoutés :

- Traumatismes crâniens
- Fractures du col et de la tête du fémur
- Polytraumatismes
- Fracture de membre
- Plaies de l'abdomen
- Amputation de membres.

5. Auteur référent : Mohamed Abdirahman.

TESTEZ-VOUS

Testez vos connaissances

1 – Indiquez la bonne réponse. Les étapes de la consolidation osseuse sont :

☐ a. l'hématome/le cal osseux/le remaniement osseux/le cal fibrocartilagineux
☐ b. l'hématome/le cal fibreux/le cal vicieux/le cal osseux/le remodelage
☐ c. l'hématome/le cal fibrocartilagineux/le cal osseuxe/e remaniement osseux
☐ d. le remaniement osseux/le cal osseux/le cal fibrocartilagineux/le remodelage
☐ e. le cal osseux/le cal fibrocartilagineux/le remaniement osseux/l'hématome

2 – Indiquez les bonnes réponses. Le tableau clinique dune luxation de hanche peut montrer :

☐ a. une déformation du membre inférieur avec une abduction
☐ b. une atteinte du nerf crural
☐ c. une atteinte du nerf sciatique
☐ d. une impotence fonctionnelle majeure
☐ e. l'ensemble de ces éléments

3 – Indiquez les bonnes réponses. Les signes cliniques du choc observables chez un polytraumatisé sont :

☐ a. pâleur du faciès
☐ b. chute de la pression artérielle
☐ c. tachycardie
☐ d. marbrure des membres inférieurs
☐ e. sueurs profuses

4 – Indiquez la bonne réponse. Une des complications suivantes ne concerne pas les personnes atteintes de brûlures :

☐ a. embolie pulmonaire
☐ b. insuffisance rénale
☐ c. infection
☐ d. déshydratation
☐ e. choc hypovolémique

5 – Indiquez les bonnes réponses. Parmi les propositions suivantes lesquelles sont fausses ?

☐ a. chez l'adulte, le plâtre est mis en place pour une fracture déplacée
☐ b. dans un premier temps, l'immobilisation par un plâtre concerne l'articulation sous-jacente à la fracture
☐ c. un traitement antithrombotique n'est pas justifié chez un patient porteur de plâtre sur un membre inférieur
☐ d. une surveillance radiologique est inutile chez un patient porteur de plâtre
☐ e. la pose d'un plâtre nécessite une éducation thérapeutique du patient

6 – Indiquez la bonne réponse. Chez un polytraumatisé, quelles sont les lésions les plus fréquemment observées ?

☐ a. les lésions cervicales
☐ b. les lésions orthopédiques
☐ c. les lésions thoraciques
☒ d. les traumatismes crâniens
☐ e. les lésions urologiques

7 – Indiquez les bonnes réponses. Quels sont les examens biologiques et radiologiques à réaliser en urgence lors d'un traumatisme crânien ?

☒ a. numération formule sanguine
☐ b. scanner thoracique
☐ c. scintigraphie osseuse
☐ d. marqueurs de la coagulation
☒ e. scanner crânien

8 – Indiquez la bonne réponse. Le syndrome de Volkmann est :

☐ a. un type de stress post-traumatique
☐ b. un type de fracture
☐ c. un type de contention
☐ d. une atteinte vasculonerveuse lors d'une compression
☒ e. une atteinte cutanée lors d'une compression

9 – Indiquez les bonnes réponses. Les complications possibles suite à des brûlures sont :

☐ a. choc hypovolémique
☒ b. infection
☐ c. insuffisance rénale
☐ d. choc cardiogénique
☐ e. choc hémorragique

10 – Indiquez la bonne réponse. Dans le score de Glasgow, quel est le score minimal ?

☐ a. 0
☐ b. 1
☐ c. 2
☐ d. 3
☐ e. 4

11 – Indiquez les bonnes réponses. Chez un patient polytraumatisé accueilli en service d'urgences, les premiers examens radiologiques à réaliser en urgence sont :

☐ a. une radiographie des poumons
☐ b. une radiographie du thorax
☐ c. un scanner cérébral
☐ d. une radiographie du bassin
☐ e. une échographie abdominale

12 – Indiquez la bonne réponse. Quelles lésions sont associées aux traumatismes crâniens jusqu'à preuve du contraire :

- ☐ a. des lésions rénales
- ☐ b. des lésions thoraciques
- ☐ c. des lésions du rachis
- ☐ d. des lésions abdominales
- ☐ e. des lésions cardiaques

13 – Indiquez les bonnes réponses. La détresse circulatoire se traduit par :

- ☐ a. un choc cardiogénique
- ☐ b. un choc septique
- ☐ c. un choc hypovolémique
- ☐ d. un choc obstructif
- ☐ e. un choc dégénératif

14 – Indiquez la bonne réponse. La tête fémorale est essentiellement vascularisée par l'artère :

- ☐ a. antérieure
- ☐ b. postérieure
- ☐ c. interne
- ☐ d. externe
- ☐ e. circonflexe

15 – Indiquez la bonne réponse. La complication majeure après une arthroplastie de la hanche est :

- ☐ a. l'ostéoporose
- ☐ b. l'embolie graisseuse
- ☐ c. l'embolie pulmonaire
- ☐ d. la luxation
- ☐ e. l'infection

16 – Indiquez les bonnes réponses. La fracture de la diaphyse fémorale se manifeste cliniquement par :

- ☐ a. une hyperthermie
- ☐ b. une atteinte nerveuse
- ☐ c. un saignement abondant
- ☐ d. une douleur intense
- ☐ e. des signes d'ischémie

17 – Indiquez la bonne réponse. Toutes ces lésions sont considérées comme des lésions primaires post-traumatiques au niveau craniocérébral, sauf une. Laquelle ?

- ☐ a. ischémie cérébrale
- ☐ b. lésions axonales diffuses
- ☐ c. commotion cérébrale

- ☐ d. contusion cérébrale
- ☐ e. embarrure

■ 18 – Indiquez les bonnes réponses. Suite à une fracture de la diaphyse fémorale, les complications les plus fréquemment observées sont :

- ☐ a. l'embolie gazeuse
- ☐ b. l'embolie graisseuse
- ☐ c. l'ischémie
- ☐ d. une atteinte nerveuse
- ☐ e. une déchirure musculaire

■ 19 – Indiquez les bonnes réponses. Les signes cliniques d'une lésion méniscale sont :

- ☐ a. une arthrose
- ☐ b. une hydarthrose
- ☐ c. une incapacité à fléchir le genou
- ☐ d. une douleur interne
- ☐ e. une instabilité du genou

■ 20 – Indiquez les bonnes réponses. Quelles sont les complications d'une fracture de la malléole ?

- ☐ a. une phlébite
- ☐ b. une infection
- ☐ c. la formation d'un cal vicieux de la cheville
- ☐ d. une rupture du tendon d'Achille
- ☐ e. toutes ces réponses

Bilan du test

Le barème :

- Toutes les réponses sont conformes : 1 point
- 1 réponse non conforme : 0,5 point
- 2 réponses non conformes : 0,3 point
- 3 ou plus de réponses non conformes : 0 point

Questions	Réponses	Points obtenus
1	c.	
2	c. – d.	
3	a. – b. – c. – d.	
4	a.	
5	a. – b. – c. – d.	
6	a.	
7	a. – d. – e.	
8	d.	
9	a. – b. – c.	

▶

Questions	Réponses	Points obtenus
10	d.	
11	b. – d. – e.	
12	c.	
13	a. – c. – d.	
14	e.	
15	d.	
16	b. – c. – d. – e.	
17	a.	
18	b. – c. – d.	
19	b. – d. – e.	
20	a. – b. – c.	
TOTAL		

Vous avez moins de 7/20 : l'essentiel n'est pas maîtrisé. Révisez vos cours avant de commencer l'entraînement.

Vous avez entre 7 et 10/20 : il faut poursuivre vos efforts. Vous avez déjà acquis certaines notions, mais celles-ci doivent être renforcées. Révisez les thèmes sur lesquels vous avez perdu des points avant de commencer l'entraînement.

Vous avez entre 11 et 15/20 : consolidez vos acquis. Vous êtes presque prêt ; poursuivez vos efforts en vous entraînant.

Vous avez plus de 15/20 : bravo ! Continuez à vous entraîner pour être au top le jour J !

ENTRAÎNEZ-VOUS

Entraînez-vous avec des QCM

Consignes : une ou plusieurs bonnes réponses sont attendues pour l'ensemble des questions.

1 – En cas de traumatisme crânien, l'anisocorie correspond à :

- ☐ a. un mauvais pronostic
- ☐ b. un bon pronostic
- ☐ c. un engagement cérébral
- ☐ d. une fuite du liquide céphalorachidien
- ☐ e. une inégalité pupillaire

2 – Concernant les signes cliniques les plus fréquents d'un traumatisme de la vessie, vous retenez :

- ☐ a. une hématurie macroscopique
- ☐ b. une rétention urinaire

- ☐ c. une hématocèle
- ☐ d. une polyurie
- ☐ e. une douleur sus-pubienne

3 – La détresse respiratoire se manifeste par :

- ☐ a. une sudation
- ☐ b. une polypnée
- ☐ c. une cyanose
- ☐ d. un battement des ailes du nez
- ☐ e. un tirage costal

4 – Concernant les signes cliniques d'un pneumothorax, on retrouve :

- ☐ a. une dyspnée
- ☐ b. la présence d'emphysème cutané
- ☐ c. une douleur thoracique
- ☐ d. des râles pulmonaires
- ☐ e. un tympanisme à la percussion

5 – Lors d'un traumatisme thoracique, la détresse respiratoire est due à :

- ☐ a. un pneumothorax
- ☐ b. un volet costal
- ☐ c. une contusion pulmonaire
- ☐ d. un hémothorax
- ☐ e. un déplacement du larynx

6 – Chez un polytraumatisé, parmi les complications liées au décubitus, on retrouve :

- ☐ a. l'infection pulmonaire
- ☐ b. l'escarre
- ☐ c. l'impotence fonctionnelle des membres
- ☐ d. l'embolie pulmonaire
- ☐ e. l'embolie graisseuse

7 – Concernant les signes caractéristiques d'une fracture, on retrouve :

- ☐ a. un craquement
- ☐ b. une hyperthermie
- ☐ c. une douleur
- ☐ d. une impotence fonctionnelle
- ☐ e. une chute de la tension artérielle

8 – L'hypovolémie consécutive aux brûlures est liée à :

- ☐ a. l'hyperperméabilité capillaire
- ☐ b. une polyurie
- ☐ c. une sudation excessive
- ☐ d. une déshydratation du patient
- ☐ e. une anisocorie

9 – Cliniquement, lors d'une lésion méniscale interne, on retrouve les éléments suivants :

☐ a. une instabilité du genou
☐ b. une hydarthrose
☐ c. un œdème
☐ d. une incapacité à fléchir le genou
☐ e. une douleur

10 – Suite aux traumatismes abdominaux, quel est l'organe le plus touché ?

☐ a. le poumon
☐ b. la rate
☐ c. le foie
☐ d. le pancréas
☐ e. le rein

11 – À l'examen clinique d'une luxation de l'épaule, on retrouve :

☐ a. une douleur intense
☐ b. un bras en abduction et rotation externe
☐ c. une épaule non mobile
☐ d. une impotence fonctionnelle incomplète du membre supérieur
☐ e. aucun de ces éléments

12 – La classification des fractures ouvertes est déterminée par :

☐ a. l'ouverture cutanée
☐ b. le trait de fracture
☐ c. le siège de la fracture
☐ d. l'intensité de la douleur
☐ e. l'atteinte des nerfs et des vaisseaux

13 – En ce qui concerne les différents types de déplacement des fractures, on distingue :

☐ a. l'extension
☐ b. la luxation
☐ c. la rotation
☐ d. l'abduction
☐ e. l'angulation

14 – Parmi les manifestations cliniques possibles d'une atteinte médullaire, on retrouve :

☐ a. le coma
☐ b. une paraplégie
☐ c. une paralysie
☐ d. une amnésie
☐ e. un syndrome de la queue de cheval

15 – Le traitement des fractures ouvertes nécessite :

- ☐ a. une intervention chirurgicale en urgence
- ☐ b. un traitement chirurgical différé
- ☐ c. une immobilisation plâtrée en urgence
- ☐ d. une admission en service de réanimation en urgence
- ☐ e. un traitement orthopédique non chirurgical

16 – En ce qui concerne les signes cliniques observés chez un patient souffrant de syndrome des loges, on retrouve :

- ☐ a. une abolition des pouls périphériques
- ☐ b. un syndrome fébrile
- ☐ c. une douleur intense
- ☐ d. une tachycardie
- ☐ e. une tension importante du muscle

17 – Une entorse cervicale peut se manifester cliniquement par :

- ☐ a. une raideur de la nuque
- ☐ b. une douleur cervicale
- ☐ c. une hyperthermie
- ☐ d. des céphalées
- ☐ e. des troubles de l'équilibre

18 – Concernant les manifestations cliniques de la pseudarthrose, on retrouve :

- ☐ a. une raideur articulaire
- ☐ b. une ostéolyse
- ☐ c. l'absence de consolidation après 3 mois
- ☐ d. une douleur et une mobilité au niveau du foyer de fracture
- ☐ e. l'absence de consolidation après 6 mois

19 – En fonction de la typologie des fractures, la principale indication du traitement chirurgical par fixateur externe est proposée lors :

- ☐ a. d'une fracture fermée
- ☐ b. d'une fracture en motte de beurre
- ☐ c. d'une fracture en bois vert
- ☐ d. d'une fracture ouverte
- ☐ e. d'une fracture bifocale

20 – L'entorse du genou entraîne la lésion des éléments suivants :

- ☐ a. le tendon d'Achille
- ☐ b. le ligament croisé antérieur
- ☐ c. le ligament croisé postérieur
- ☐ d. le ligament latéral externe
- ☐ e. le ligament latéral interne

■ 21 – Lors d'une fracture ouverte d'une jambe, la complication majeure est :

☐ a. le cal vicieux
☐ b. l'infection
☐ c. l'arthrose
☐ d. la déminéralisation
☐ e. la désunion cutanée

■ 22 – Parmi les complications possibles de la fracture du col de fémur, vous retenez :

☐ a. le cal vicieux
☐ b. les escarres
☐ c. les thrombophlébites
☐ d. une paralysie du membre inférieur
☐ e. la nécrose avasculaire de la tête fémorale

■ 23 – Les complications du décubitus suite à une fracture de l'extrémité supérieure du fémur sont :

☐ a. l'atrophie musculaire
☐ b. le syndrome des loges
☐ c. la luxation
☐ d. les escarres
☐ e. les infections

■ 24 – Concernant les facteurs favorisant les fractures de l'extrémité supérieure du fémur, vous retenez :

☐ a. l'arthrose
☐ b. la pseudarthrose
☐ c. l'ostéoporose
☐ d. les chutes
☐ e. la pénibilité du travail

■ 25 – La prévention des luxations de prothèse de hanche nécessite :

☐ a. l'éducation du patient sur les mouvements à proscrire
☐ b. la pose d'une attelle de mobilisation
☐ c. le port d'un coussin d'abduction au moment des mobilisations
☐ d. la position en décubitus latéral du côté opéré
☐ e. le maintien en décubitus dorsal strict

■ 26 – Une paraplégie se caractérise par une lésion du :

☐ a. rachis sacré
☐ b. rachis cervical
☐ c. rachis dorsolombaire
☐ d. rachis coccygien
☐ e. rachis apophysaire

27 – Un hématome extradural est :

☐ a. un épanchement sanguin entre la dure-mère et le cerveau
☐ b. un épanchement sanguin entre le cerveau et l'os du crâne
☐ c. un épanchement sanguin entre l'os et la dure-mère
☐ d. un épanchement d'air entre l'os et la dure-mère
☐ e. un épanchement d'air entre l'os et la pie-mère

28 – En ce qui concerne les manifestations cliniques d'une fracture rachidienne, vous retenez :

☐ a. les cervicalgies
☐ b. les lombalgies
☐ c. les dorsalgies
☐ d. les paresthésies
☐ e. les troubles sphinctériens

29 – Parmi les propositions suivantes, lesquelles sont fausses ?

☐ a. la structure des os longs comporte deux zones principales
☐ b. la présence d'une fracture ouverte est un facteur péjoratif
☐ c. le syndrome de Volckmann est un syndrome des loges au niveau de la jambe
☐ d. la fracture de l'extrémité supérieure du fémur est indépendante de la qualité osseuse
☐ e. la fréquence de la fracture de l'extrémité supérieure du fémur augmente avec l'âge

30 – La fracture au niveau des vertèbres lombaires L2–L3 avec section de la moelle épinière peut entraîner :

☐ a. une tétraplégie définitive
☐ b. une paraplégie définitive
☐ c. une tétraplégie réversible après traitement chirurgical
☐ d. une tétraplégie réversible après traitement chirurgical
☐ e. une impotence fonctionnelle passagère

31 – Que peut-on affirmer concernant le rachis cervical supérieur ?

☐ a. une entorse grave au niveau C1–C2 n'entraîne jamais d'atteinte médullaire
☐ b. la fracture de l'odontoïde entraîne une paralysie respiratoire
☐ c. une entorse grave au niveau C1–C2 ne nécessite jamais un traitement chirurgical
☐ d. la fracture des masses latérale de C1 n'entraîne jamais de signe neurologique
☐ e. la fracture de l'odontoïde entraîne des troubles cardiaques

32 – Lors d'un traumatisme rachidien avec atteinte médullaire, l'évaluation sensitivomotrice se fait à l'aide du :

- ☐ a. score de Mageri
- ☐ b. score d'Agpar
- ☐ c. score de Glascow
- ☐ d. score ASA
- ☐ e. score ATIA

33 – Les organes les plus souvent atteints lors d'un traumatisme abdominal sévère sont :

- ☐ a. le rein
- ☐ b. la rate
- ☐ c. le foie
- ☐ d. la vessie
- ☐ e. l'estomac

34 – Parmi les os du crâne, on retrouve :

- ☐ a. le sphénoïde
- ☐ b. le temporal
- ☐ c. le pariétal
- ☐ d. l'iliaque
- ☐ e. le coccyx

35 – La courte période observée pendant laquelle un traumatisé crânien va mieux en cas d'hématome extradural est :

- ☐ a. l'intervalle de répit
- ☐ b. l'intervalle libre
- ☐ c. l'intervalle de Babinski
- ☐ d. l'intervalle de Glasgow
- ☐ e. l'intervalle méningé

36 – Le pneumothorax est caractérisé par :

- ☐ a. le poumon et la plèvre
- ☐ b. les deux feuillets de la plèvre
- ☐ c. la plèvre et l'épiderme
- ☐ d. la présence de sang entre les deux feuillets de la plèvre
- ☐ e. la présence de sang entre le poumon et la plèvre

37 – Un traumatisme crânien est considéré comme sévère ou grave lorsque le score de Glasgow indique :

- ☐ a. supérieur à 8
- ☐ b. supérieur à 10
- ☐ c. inférieur à 8
- ☐ d. inférieur à 5
- ☐ e. supérieur à 5

38 – L'embarrure est l'association d'un trait de fracture et d'un :

☐ a. déplacement osseux vers l'intérieur du crâne
☐ b. déplacement osseux vers l'extérieur du crâne
☐ c. déplacement des vertèbres cervicales
☐ d. déplacement des vertèbres lombaires
☐ e. épanchement du liquide méningé

39 – Quel est le risque majeur à redouter en urgence immédiate lors d'un traumatisme abdominal sévère ?

☐ a. l'atteinte fonctionnelle de l'organe
☐ b. l'hémorragie
☐ c. la douleur
☐ d. l'infection
☐ e. tous ces éléments

40 – Lors d'un traumatisme thoracique, le drainage thoracique est indiqué pour :

☐ a. l'hémothorax
☐ b. le pneumothorax
☐ c. la rupture diaphragmatique
☐ d. l'épanchement pleural
☐ e. la fracture des côtes

41 – La notion d'intervalle libre est :

☐ a. la durée entre l'appel des secours et l'arrivée de ces derniers sur place
☐ b. la durée d'attente téléphonique lorsqu'on est en relation avec le centre 15
☐ c. la durée maximale d'arrêt cardiaque sans lésion sur le cerveau
☐ d. le temps entre une perte de connaissance initiale, un retour à la conscience et de nouveau une perte de connaissance
☐ e. le temps d'attente entre la perte de connaissance et l'arrivée des secours

42 – Le traitement primordial et d'urgence lors d'un pneumothorax compressif est :

☐ a. la contention thoracique
☐ b. la pneumectomie partielle
☐ c. l'antibiothérapie
☐ d. la ventilation artificielle
☐ e. une exsufflation à l'aiguille

43 – Concernant les traumatisés crâniens graves, les facteurs suivants sont de mauvais pronostics sauf un. Indiquez lequel.

☐ a. une tentative de suicide
☐ b. le jeune âge
☐ c. des lésions pénétrantes du crâne

☐ d. une pression intracrânienne élevée
☐ e. une hypotension

44 – Parmi les organes qualifiés de creux, on retrouve :

☐ a. le rein
☐ b. le foie
☐ c. le poumon
☐ d. la vessie
☐ e. l'estomac

45 – Lors d'un traumatisme thoracique par écrasement, le drainage thoracique est indiqué dans :

☐ a. une fracture des côtes
☐ b. un hémothorax
☐ c. un pneumothorax
☐ d. une rupture du diaphragme
☐ e. un volet thoracique

46 – Lors d'une plaie abdominale, l'organe le plus fréquemment touché est :

☐ a. la rate
☐ b. le foie
☐ c. l'estomac
☐ d. le grêle
☐ e. le côlon

47 – La tête fémorale est vascularisée par :

☐ a. l'artère mésentérique inférieure
☐ b. l'artère circonflexe postérieure
☐ c. l'artère fémorale profonde
☐ d. l'artère iliaque primitive
☐ e. l'artère radiale

48 – Lors des traumatismes abdominaux, la présence d'hématurie signe :

☐ a. des lésions spléniques
☐ b. des lésions cardiaques
☐ c. des lésions rénales
☐ d. des lésions vésicales
☐ e. des lésions urologiques

49 – Les signes cliniques observés fréquemment lors d'une décérébration sont :

☐ a. une raideur de la nuque
☐ b. une flexion généralisée des quatre membres
☐ c. une extension des membres supérieurs avec adduction et rotation interne
☐ d. une extension des membres supérieurs associée à une flexion des membres inférieurs
☐ e. un enroulement des quatre membres

■ 50 – Chez le traumatisé crânien, la période entre deux pertes de connaissance s'appelle :

☐ a. l'intervalle crânien
☐ b. l'intervalle distant
☐ c. l'intervalle sous-dural
☐ d. l'intervalle libre
☐ e. l'intervalle optimal

■ 51 – Pour rechercher des lésions abdominales, les examens d'imagerie à pratiquer sont :

☐ a. la radiographie du bassin
☐ b. l'échographie abdominale
☐ c. la radiographie de l'abdomen sans préparation
☐ d. la cœlioscopie
☐ e. la tomodensitométrie abdominopelvienne

■ 52 – Une mydriase est :

☐ a. une dilatation de la pupille
☐ b. un rétrécissement de la pupille
☐ c. une inégalité pupillaire
☐ d. une chute des paupières
☐ e. une fermeture des yeux

■ 53 – Lors d'un traumatisme thoracique, une détresse respiratoire peut être causée par :

☐ a. la douleur liée à la fracture des côtes
☐ b. un hémothorax
☐ c. un pneumothorax
☐ d. un volet costal
☐ e. une contusion pulmonaire

■ 54 – La détresse circulatoire se traduit par :

☐ a. un choc septique
☐ b. un choc hémorragique
☐ c. un choc hypovolémique
☐ d. un choc cardiogénique
☐ e. un choc traumatique

■ 55 – Concernant le traumatisme rachidien, tous les mécanismes cités sont concernés sauf un. Indiquez lequel.

☐ a. la fracture rachidienne
☐ b. une compression rachidienne
☐ c. la flexion rachidienne
☐ d. l'extension rachidienne
☐ e. la rotation rachidienne

56 – Un choc hémorragique se manifeste cliniquement par :

☐ a. une tachycardie
☐ b. une hypertension artérielle
☐ c. une pâleur
☐ d. des marbrures des membres inférieurs
☐ e. un syndrome fébrile

57 – Parmi les causes de la détresse respiratoire, on retrouve :

☐ a. une fracture des côtes
☐ b. un pneumothorax
☐ c. un hémothorax
☐ d. une obstruction des voies aériennes supérieures
☐ e. un choc cardiogénique

58 – La commotion cérébrale se caractérise par :

☐ a. un ébranlement du cerveau
☐ b. un épanchement de liquide céphalorachidien
☐ c. une perte de connaissance sans traumatisme crânien associé
☐ d. un traumatisme crânien avec choc direct
☐ e. un épanchement de sang

59 – Les critères de gravité à prendre en compte lors d'une brûlure sont :

☐ a. l'intensité de la rougeur
☐ b. l'érythème
☐ c. la desquamation
☐ d. l'étendue
☐ e. la localisation

60 – La prévention des luxations de prothèse de hanche nécessite :

☐ a. une traction dans l'axe du membre fracturé
☐ b. la pose d'une attelle d'immobilisation
☐ c. le port d'un coussin d'abduction en postopératoire
☐ d. la position en décubitus latéral
☐ e. l'éducation du patient

61 – La détresse neurologique est causée par une lésion :

☐ a. crânienne
☐ b. médullaire
☐ c. osseuse
☐ d. cardiaque
☐ e. pulmonaire

62 – Selon la classification de Mageri, quels sont les types de fractures rachidiennes ?

☐ a. les fractures par distraction
☐ b. les fractures par flexion

- ☐ c. les fractures par tassement
- ☐ d. les fractures par compression
- ☐ e. les fractures par ostéoporose

63 – L'étiologie de la détresse neurologique est :

- ☐ a. une lésion crânienne
- ☐ b. une lésion médullaire
- ☐ c. une lésion cervicale
- ☐ d. une lésion cardiaque
- ☐ e. une lésion thoracique

64 – La respiration paradoxale chez un patient présentant un traumatisme thoracique est causée par :

- ☐ a. une rupture du diaphragme
- ☐ b. la perforation du poumon
- ☐ c. un volet thoracique
- ☐ d. une fracture des côtes basses
- ☐ e. une fracture du sternum

65 – Les critères d'évaluation du score de Glasgow comprennent :

- ☐ a. la réponse motrice
- ☐ b. la réponse verbale
- ☐ c. l'ouverture des yeux
- ☐ d. la réponse sensitive
- ☐ e. la réponse perceptive

66 – Les fractures de l'extrémité supérieure du fémur se manifestent cliniquement par :

- ☐ a. l'extension
- ☐ b. l'abduction
- ☐ c. le raccourcissement du membre inférieur
- ☐ d. l'adduction
- ☐ e. la rotation interne

67 – Une anysocorie signifie :

- ☐ a. une dilatation des pupilles
- ☐ b. une asymétrie pupillaire
- ☐ c. la fermeture des yeux
- ☐ d. un rétrécissement de la pupille
- ☐ e. l'ouverture des yeux

68 – L'articulation de la hanche permet les mouvements :

- ☐ a. d'inversion
- ☐ b. d'éversion
- ☐ c. d'extension

- ☐ d. de flexion
- ☐ e. de rotation

69 – Concernant les brûlures, cochez les réponses vraies :

- ☐ a. la douleur est d'autant plus importante que la brûlure est profonde et grave
- ☐ b. le traitement d'urgence de la brûlure est le refroidissement
- ☐ c. l'évaluation d'une brûlure est réalisée par la règle des 9 de Wallace
- ☐ d. une brûlure du troisième degré est superficielle
- ☐ e. chez le nourrisson, toute brûlure doit être considérée comme grave

70 – Concernant les fractures, cochez les réponses vraies :

- ☐ a. elles constituent une pathologie limitée où seul le tissu osseux est impliqué
- ☐ b. la forme du trait de fracture varie en fonction de la contrainte subie par l'os
- ☐ c. le cal mou ou fibrocartilagineux se construit durant la phase primaire de la consolidation
- ☐ d. le délai de prise en charge d'une fracture ouverte est peu important
- ☐ e. la radiographie n'est pas l'examen de référence pour les fractures

71 – Dans l'atteinte du plexus brachial, les nerfs intéressés sont :

- ☐ a. le nerf crural, le nerf médian, le nerf sciatique
- ☐ b. le nerf médian, le nerf cubital, le nerf radial
- ☐ c. le nerf phrénique, le plexus sacré, le nerf fémoral
- ☐ d. le nerf sciatique, le nerf phrénique, le nerf crural
- ☐ e. le nerf radial, le plexus sacré, le nerf médian

72 – Parmi les propositions suivantes, laquelle est vraie ?

- ☐ a. chez l'adulte, le plâtre est mis en place pour une fracture déplacée
- ☐ b. dans un premier temps, l'immobilisation par un plâtre concerne l'articulation sous-jacente à la fracture
- ☐ c. un traitement antithrombotique n'est pas justifié chez un patient porteur de plâtre sur un membre inférieur
- ☐ d. une surveillance radiologique est inutile chez un patient porteur de plâtre
- ☐ e. la pose d'un plâtre nécessite une éducation thérapeutique du patient

73 – Chez un polytraumatisé, quelles sont les lésions les moins fréquemment observées ?

- ☐ a. les lésions cervicales
- ☐ b. les lésions orthopédiques
- ☐ c. les lésions thoraciques
- ☐ d. les traumatismes crâniens
- ☐ e. les lésions urologiques

74 – Le syndrome de Volkmann est :

- ☐ a. un type de stress post-traumatique
- ☐ b. un type de fracture
- ☐ c. un type de contention

☐ d. une atteinte vasculonerveuse lors d'une compression
☐ e. une atteinte cutanée lors d'une compression

75 – Parmi les complications possibles des brûlures, on retrouve :
☐ a. le choc hypovolémique
☐ b. l'infection
☐ c. l'insuffisance rénale
☐ d. le choc cardiogénique
☐ e. le choc hémorragique

76 – Dans le score de Glasgow, quel est le score maximal ?
☐ a. 11
☐ b. 12
☐ c. 13
☐ d. 14
☐ e. 15

77 – Chez un patient polytraumatisé accueilli en service d'urgences, les premiers examens radiologiques à réaliser en urgence sont :
☐ a. une radiographie des poumons
☐ b. une radiographie du thorax
☐ c. un scanner cérébral
☐ d. une radiographie du bassin
☐ e. une échographie abdominale

78 – Parmi les lésions associées aux traumatismes crâniens, jusqu'à preuve du contraire, on suspecte :
☐ a. des lésions rénales
☐ b. des lésions thoraciques
☐ c. des lésions du rachis
☐ d. des lésions abdominales
☐ e. des lésions cardiaques

79 – La détresse circulatoire se traduit par :
☐ a. un choc cardiogénique
☐ b. un choc septique
☐ c. un choc hypovolémique
☐ d. un choc obstructif
☐ e. un choc dégénératif

80 – Parmi les causes du syndrome des loges, vous retenez :
☐ a. les fractures à ciel fermé
☐ b. les fractures ouvertes
☐ c. les fractures ouvertes fermées sous tension
☐ d. les compressions prolongées
☐ e. les traumatismes des parties molles

Réponses aux QCM

1 – e.
2 – a. – b. – e.
3 – b. – c. – d. – e.
4 – a. – b. – c. – e.
5 – a. – b. – c. – d.
6 – a. – b. – d.
7 – a. – b. – c. – d.
8 – a.
9 – a. – b. – d.
10 – b.
11 – a. – b. – c.
12 – a. – e.
13 – c. – e.
14 – b. – c. – e.
15 – a.
16 – a. – c. – e.
17 – a. – b. – e.
18 – d. – e.
19 – d.
20 – b. – c. – d. – e.
21 – b.
22 – a. – b. – c. – e.
23 – a. – d.
24 – a. – c.
25 – a. – c.
26 – c.
27 – a.
28 – a. – b. – c. – d. – e.
29 – a. – c.
30 – b.
31 – b. – d.
32 – c.
33 – b. – c.
34 – a. – b. – c.
35 – b.
36 – c.
37 – c.
38 – a.
39 – b.

40 – a. – b. – d.
41 – d.
42 – e.
43 – b.
44 – d. – e.
45 – b. – c.
46 – d.
47 – b.
48 – d.
49 – c.
50 – d.
51 – b. – e.
52 – a.
53 – a. – b. – c. – d. – e.
54 – c. – d.
55 – e.
56 – a. – c.
57 – b. – c. – d.
58 – a.
59 – b. – c. – e.
60 – c. – e.
61 – a. – b.
62 – a. – d.
63 – a. – b.
64 – c.
65 – a. – b. – c.
66 – c. – d.
67 – b.
68 – c. – d. – e.
69 – b. – c. – e.
70 – b. – c.
71 – b.
72 – e.
73 – a.
74 – d.
75 – a. – b. – c.
76 – e.
77 – b. – d. – e.
78 – c.
79 – a. – c. – d.
80 – a. – c. – d. – e.

Entraînez-vous avec des QROC

1 – Citez quatre propriétés du tissu musculaire.

....

....

....

....

....

....

....

....

2 – Définissez les termes suivants : fracture, luxation, traumatisme, polytraumatisme.

....

....

....

....

....

....

....

....

3 – Précisez les complications possibles à rechercher après une ligamentoplastie du genou (en phase aiguë et à distance) et citez les examens cliniques et paracliniques qui vous sembleraient utiles pour les confirmer.

....

....

....

....

....

....

....

....

4 – L'entorse de cheville est un traumatisme classique du sujet jeune. Indiquez le mécanisme habituel de l'entorse de cheville externe en précisant les ligaments pouvant être touchés, les éléments diagnostiques cliniques et radiologiques (le cas échéant) et la conduite à tenir généralement proposée.

....

....

....

....

....

....

....

....

5 – Citez les trois principales phases de la constitution d'un cal osseux.

....

....

....

....

....

....

....

....

6 – Citez trois signes cliniques en faveur d'une suspicion d'un syndrome des loges pour une personne porteuse d'un plâtre suite à une fracture de jambe.

....

....

....

....

....

....

....

....

■ 7 – Énoncez les différentes actions réalisées par l'infirmier(ère) auprès d'une personne porteuse d'un plâtre.

....

....

....

....

....

....

....

....

■ 8 – Suite à un traumatisme thoracique important, citez les deux risques majeurs.

....

....

....

....

....

....

....

....

■ 9 – Indiquez les trois signes cliniques évocateurs d'une fracture du col du fémur.

....

....

....

....

....

....

....

....

■ 10 – Vous travaillez dans un service d'orthopédie. M. R. doit être opéré ce matin pour la pose d'une prothèse totale de hanche gauche. Indiquez les actions préopératoires que vous réalisez avant son départ au bloc opératoire.

....

....

....

....

....

....

....

....

■ 11 – Indiquez les principaux risques encourus après une intervention chirurgicale sous anesthésie générale.

....

....

....

....

....

....

....

....

■ 12 – Définissez le traumatisme psychique et présentez les différentes phases.

....

....

....

....

....

....

....

....

13 – Citez et définissez deux types de tissu musculaire.

....

....

....

....

....

....

....

....

Réponses aux QROC

1

Les propriétés du tissu musculaire sont :

- excitabilité ;
- contractilité ;
- extensibilité ;
- élasticité.

2

- Fracture : c'est une rupture de continuité de l'os par une cassure totale ou partielle provoquée ou non par un choc. La fracture peut également être pathologique, spontanée ou de fatigue.
- Luxation : c'est un déplacement anormal des extrémités osseuses d'une articulation l'une par rapport à l'autre.
- Traumatisme : c'est l'ensemble des manifestations locales ou générales provoquées par une action violente sur l'organisme. On parle aussi de traumatisme lors d'agression psychique brutale.
- Polytraumatisme : c'est un ensemble de lésions corporelles, l'une d'entre elles pouvant, à elle seule, engager le pronostic vital.

3

Les complications peuvent être de différents types :

- Septique : l'aspect local du genou sera chaud, douloureux, avec ou sans écoulement suspect. Le patient pourra également avoir de la fièvre. Le bilan préconisé sera un bilan sanguin standard comprenant au minimum une numération formule et une CRP. Une radiographie pourra également être prescrite.

- Thrombo-embolique : les signes seront une perte du ballant du mollet, un œdème douloureux, une tachycardie, des douleurs thoraciques plus ou moins importantes. Les examens pouvant confirmer cette complication : écho-Doppler du mollet, électrocardiogramme et mesure de la saturation en oxygène.
- Hématome postopératoire avec un œdème douloureux et la présence ou non d'un hématome qui sera confirmée par une échographie et une radiographie du genou.

4

L'entorse de cheville est un mécanisme direct de torsion en varus forcé avec des lésions intéressant le ligament latéral externe, lui-même composé de trois faisceaux (faisceaux antérieur, moyen et postérieur, aussi appelés talofibulaire antérieur, calcanéofibulaire et talofibulaire postérieur).

Le diagnostic est avant tout clinique (douleur, impotence, œdème, hématome, etc.), avec une douleur contrariée. Les examens paracliniques sont discutés en application de la règle d'Ottawa (patient > 55 ans, impossibilité de prendre appui et de faire 4 pas, douleur à la palpation de la base du 5e métatarsien ou du scaphoïde [os naviculaire], douleur à la palpation du bord postérieur sur 6 cm ou de la pointe des malléoles). Cela comprendra alors une radiographie simple de la cheville de face et de profil.

Le traitement repose sur la règle RICE : repos, glace, contention, élévation. La contention peut être effectuée par strapping, attelle stabilisatrice ou gouttière selon la sévérité. Les cannes sont souvent nécessaires. En cas d'appui impossible, la prévention thrombo-embolique est impérative.

5

Le cal osseux est une substance constituée de tissu osseux, permettant la consolidation d'un os fracturé. Les trois phases principales sont :

- phase de l'hématome périfracturaire : elle est liée à une réaction inflammatoire et dure entre 1 et 20 jours suivant la fracture ;
- constitution du cal conjonctif durant les 20 à 30 jours qui suivent la fracture avec une hypervascularisation au voisinage du foyer de fracture permettant la résorption de l'hématome ;
- ossification du cal entre le 30e et le 60e jour.

6

Le syndrome des loges se définit comme une souffrance neuromusculaire pouvant aller jusqu'à la nécrose en raison de l'augmentation de la pression intratissulaire dans une ou plusieurs loges. Les signes cliniques sont :

- douleur ;
- tension de la masse musculaire ;
- sensibilité distale diminuée ;
- abolition des pouls ;
- mobilité des orteils diminuée ;
- pâleur, refroidissement des extrémités.

■ 7

Les différentes actions sont :

- installation du patient en fonction du type de plâtre ;
- dépister les signes de complications (douleur, œdème) ;
- prévenir les complications ;
- éduquer le patient à ses complications ;
- reconnaître les signes de compression, examiner les doigts et les orteils, garder le membre surélevé, éviter les stations debout prolongées, conserver une activité physique raisonnable, s'alimenter correctement, réaliser la prescription médicale, prévenir le médecin lors de tout signe anormal ;
- suppléer à la perte d'autonomie.

■ 8

Les traumatismes thoraciques intéressent la région du tronc comprise entre la base du cou et le diaphragme. Les risques principaux, pouvant entraîner une détresse vitale, sont :

- hémorragie ;
- détresse respiratoire ;
- détresse cardiaque.

■ 9

Une fracture du col du fémur est une rupture au niveau de l'épiphyse, partie supérieure du fémur. Les signes cliniques sont :

- douleur ;
- raccourcissement du membre inférieur ;
- rotation externe du membre inférieur ;
- impotence fonctionnelle ;
- déformation.

■ 10

Les actions à réaliser sont :

- vérifier le jeûne (voir si arrêt de traitement ou non) ;
- réaliser une préparation cutanée (douche et tonte de la zone à opérer) selon le protocole du service ;
- donner au patient un habillage propre (casque ou chemise d'hôpital) ;
- vérifier l'absence de bijoux, prothèses (dentier, lentilles de contact) ;
- vérifier si le dossier est complet : consentement du patient, dossier transfusionnel, présence d'étiquettes, etc. ;
- envoyer le patient uriner aux toilettes ;
- donner la prémédication et demander au patient de ne plus se lever ;
- poser la voie veineuse périphérique s'il y a une prescription ;
- pose le bracelet d'identification ;
- remplir la feuille de traçabilité (transmissions écrites sur le dossier de soins).

11

Il convient de distinguer les risques selon la chirurgie et l'anesthésie.

- Risques liés à l'acte chirurgical :
  - Risque hémorragique
  - Risque de douleur
  - Risque infectieux
  - Risque thrombo-embolique
- Risques liés à l'anesthésie :
  - Risque de rétention urinaire
  - Trouble de la conscience, confusion
  - Vomissements

12

Le traumatisme psychique est une névrose déclenchée suite à un choc émotif relatif à une situation traumatogène. Celle-ci se manifeste par des états d'agitation, de stupeur et de confusion mentale. Les différentes phases sont les suivantes :

- période de latence : c'est une période où le sujet va réorganiser ses mécanismes de défense de façon consciente ou inconsciente dans le temps ;
- syndrome de répétition : le sujet revit la scène de l'agression à travers des cauchemars. Il éprouve des difficultés à passer le cap de l'aspect traumatogène ;
- temps de réorganisation de la personnalité : cette période est marquée par une inhibition psychique et comportementale du sujet à l'égard de l'environnement extérieur.

13

Les différents types de muscles sont les suivants :

- Le muscle strié : il est rattaché aux os et déplace deux parties du squelette. Le tissu musculaire est volontaire c'est-à-dire que la contraction et le relâchement sont réalisés volontairement ;
- Le muscle lisse : il est présent dans les parois de structures internes creuses telles que les vaisseaux sanguins, estomac et intestins. C'est un type de tissu involontaire qui a une autorythmicité ;
- Le muscle cardiaque : il est semblable au tissu musculaire strié mais ne se trouve qu'au niveau du myocarde.

Entraînez-vous avec des schémas

Schéma 1 : Complétez le schéma suivant.

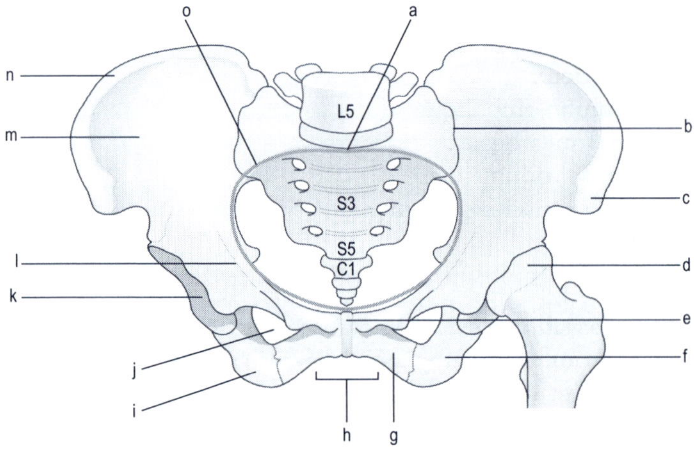

Source : *Ross et Wilson, Anatomie et physiologie normales et pathologiques*, par Waugh, Elsevier Masson, 2011.

Schéma 2 : Complétez le schéma suivant.

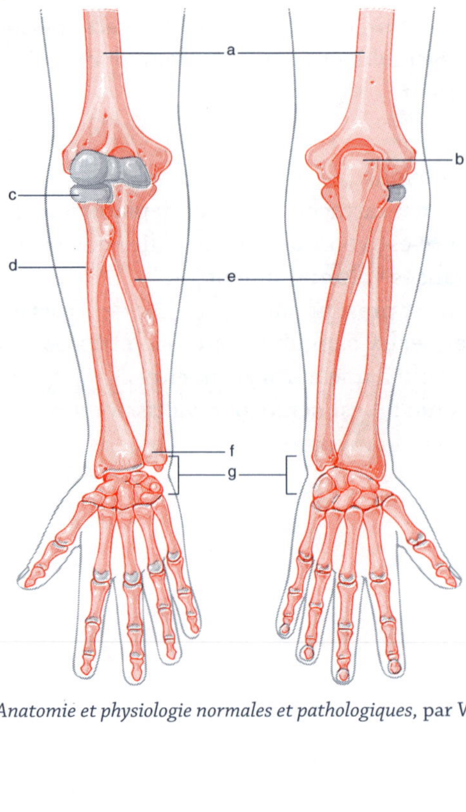

Source : *Ross et Wilson, Anatomie et physiologie normales et pathologiques*, par Waugh, Elsevier Masson, 2011.

Réponses aux schémas

Schéma 1

a) Promontoire du sacrum. b) Articulation sacro-iliaque. c) Épine iliaque antéro-supérieure. d) Tête du fémur. e) Symphyse pubienne. f) Ischion. g) Pubis. h) Arcade pubienne. i) Tubérosité ischiatique. j) Trou ischio-pubien. k) Cotyle. l) Ligne iliopectineal. m) Ilion. n) Crête iliaque. o) Bord du bassin.

Schéma 2

a) Humérus. b) Olécrâne. c) Tête de radius. d) Radius. e) Cubitus. f) Tête de cubitus. g) Carpiens.

CHAPITRE

6 UE 2.11 – Pharmacologie et thérapeutiques

PRÉREQUIS

Testez votre niveau sur les prérequis

▶ UE 2.1. – Biologie fondamentale

Dans cet enseignement, les objectifs sont d'identifier le vivant et ses caractéristiques, de développer une vision intégrée des niveaux d'organisation de la cellule à l'organisme, de s'approprier des connaissances de base en biologie cellulaire et moléculaire et de faire le lien entre des connaissances biologiques et les notions d'homéostasie, de maladie, ou de thérapeutique.

1 – Indiquez la bonne réponse. Quel est l'oligoélément essentiel à faible risque de carence démontré chez l'homme ?

☐ a. l'iode
☐ b. le fer
☐ c. le cuivre
☐ d. le zinc
☐ e. le silicium

2 – Indiquez les bonnes réponses. Les principales molécules stockant l'énergie cellulaire sont :

☐ a. les protéines
☐ b. l'ATP
☐ c. les lipides
☐ d. les acides aminés
☐ e. synthétisées surtout dans les mitochondries

3 – Indiquez les bonnes réponses. La Na^+/K^+-ATPase est une pompe :

☐ a. indispensable au bon fonctionnement cellulaire
☐ b. permettant un transport passif
☐ c. transportant les ions Na^+ dans le sens de leur gradient de concentration
☐ d. transportant les ions K^+ contre leur gradient de concentration
☐ e. transportant les deux ions contre leur gradient de concentration

4 – Indiquez la bonne réponse. Quelle est la vitamine nécessaire à la coagulation du sang ?

- ☐ a. la vitamine A
- ☐ b. la vitamine C
- ☐ c. la vitamine K
- ☐ d. la vitamine D
- ☐ e. la vitamine B

5 – Indiquez la bonne réponse. La séquence spécifique d'acides aminés est déterminée par :

- ☐ a. un gène
- ☐ b. un ose
- ☐ c. un antigène
- ☐ d. une hématie
- ☐ e. un anticorps

6 – Indiquez les bonnes réponses. Concernant les niveaux d'organisation de la matière :

- ☐ a. les cellules s'assemblent en tissus
- ☐ b. tous les organes contiennent un seul type de tissu
- ☐ c. les cellules adhèrent les unes aux autres par l'intermédiaire de protéines de la membrane
- ☐ d. dans une tumeur cancéreuse, des anomalies des protéines de membrane peuvent être responsables de métastases
- ☐ e. le tissu cardiaque est un épithélium

7 – Indiquez la bonne réponse. Les triglycérides et le cholestérol sont :

- ☐ a. des oses
- ☐ b. des lipides
- ☐ c. des enzymes
- ☐ d. des hormones
- ☐ e. des glucides

8 – Indiquez la bonne réponse. Concernant le classement des épithéliums :

- ☐ a. les épithéliums sont classés seulement selon la forme des cellules
- ☐ b. les épithéliums sont classés seulement selon le nombre de couches de cellules qui les forment
- ☐ c. les épithéliums sont classés selon la forme des cellules et le nombre de couches de cellules
- ☐ d. l'épithélium gastrique et intestinal est un épithélium multicouche
- ☐ e. l'épithélium est un tissu qui ne desquame jamais

9 – Indiquez les bonnes réponses. À propos du cœur :

- ☐ a. le muscle cardiaque a besoin de la stimulation d'influx nerveux pour se contracter

- ☐ b. le muscle cardiaque se contracte de façon spontanée et indépendante
- ☐ c. la dépolarisation du muscle cardiaque se fait des oreillettes aux ventricules
- ☐ d. la dépolarisation du muscle cardiaque se fait des ventricules aux oreillettes
- ☐ e. le faisceau gracile est la voie employée par le cœur pour assurer la dépolarisation

10 – Indiquez les bonnes réponses. La liaison peptidique a une forme qui est :

- ☐ a. plane
- ☐ b. torsadée
- ☐ c. courbe
- ☐ d. anguleuse
- ☐ e. rigide

Réponses aux prérequis

Le barème :

- Toutes les réponses sont conformes : 1 point
- 1 réponse non conforme : 0,5 point
- 2 réponses non conformes : 0,3 point
- 3 ou plus de réponses non conformes : 0 point

Question	Réponse	Points obtenus
1	e.	
2	b. – c.	
3	a. – d. – e.	
4	c.	
5	a.	
6	a. – c. – d.	
7	b.	
8	c.	
9	b. – c.	
10	a. – e.	
TOTAL		

Vous avez obtenu moins de 5/10 : vous devez réviser vos cours et refaire une séance d'entraînement sur l'UE 2.1 Biologie fondamentale.

Vous avez obtenu plus de 5/10 : passez au test suivant.

OBJECTIFS/CONTENU DE L'UE

Objectifs de l'unité d'enseignement[6]

- Citer les mécanismes d'action, d'absorption et d'élimination des médicaments
- Identifier les notions de dosage, de dilution, de préparation
- Expliciter les risques et dangers dans l'administration médicamenteuse

Éléments de contenu

- Les principes de chimie pertinents à la pharmacologie
- La pharmacocinétique : voie d'administration, absorption, transformation, diffusion, élimination
- La pharmacodynamie : mécanismes d'action, effets secondaires, interactions médicamenteuses (synergie, potentialisation, antagonisme)
- Les formes pharmaceutiques solides, liquides, galéniques à usage parentéral ou à administration cutanée ou transmucosale, formes en expérimentation
- Les dosages, préparations, dilutions, solvants et solutés
- Les risques et dangers de la médication, la prescription

TESTEZ-VOUS

Testez vos connaissances

1 – Indiquez les bonnes réponses. Dans la pharmacodynamie, les récepteurs sont les cibles principales du médicament. Il en existe de plusieurs sortes telles que :

- ☐ a. les récepteurs membranaires plasmiques qui sont couplés à une protéine G
- ☐ b. les récepteurs cellulaires communs
- ☐ c. les canaux ioniques
- ☐ d. les récepteurs enzymatiques
- ☐ e. les récepteurs intracellulaires

2 – Indiquez la bonne réponse. Un mouvement d'eau du milieu intracellulaire vers le milieu extracellulaire est dit :

- ☐ a. hypertonique
- ☐ b. isotonique
- ☐ c. hypotonique
- ☐ d. neutre
- ☐ e. basique

6. Auteur référent : Sébastien Metge.

3 – Indiquez la bonne réponse. Lors de la phase de métabolisation dans le foie, et notamment dans les réactions de métabolisation dites de phase I, il y a intervention d'une certaine catégorie d'enzymes. Quelle est-elle ?

☐ a. les cytochromes a
☐ b. les cytochromes b_5
☐ c. les cytochromes f
☒ d. les cytochromes p450
☐ e. les cytochromes c_1

4 – Indiquez les bonnes réponses. Les surdosages peuvent être :

☐ a. liés aux effets secondaires des médicaments
☒ b. liés à une prise accidentelle ou non d'un médicament à des doses supérieures aux posologies thérapeutiques
☐ c. liés à l'absence de l'adaptation de la posologie chez des patients à risque (sujets âgés, insuffisants hépatiques, enfants)
☐ d. liés à un effet autre que l'effet thérapeutique (effet latéral)
☒ e. liés à une méconnaissance du risque par rapport à l'effet attendu du médicament

5 – Indiquez la bonne réponse. Dans un milieu isotonique, les pressions de part et d'autre de la membrane cellulaire sont :

☐ a. plus importantes dans le milieu extracellulaire
☐ b. plus faibles dans le milieu extracellulaire
☐ c. plus importantes dans le milieu intracellulaire
☒ d. identiques dans les milieux extracellulaire et intracellulaire
☐ e. plus faibles dans le milieu intracellulaire

6 – Indiquez les bonnes réponses. Un excipient est :

☒ a. une substance inactive par elle-même sur la maladie
☐ b. un vecteur au principe actif facilitant la fabrication du médicament
☐ c. une substance destinée à exercer une action thérapeutique
☒ d. une substance toujours inerte sur l'organisme
☐ e. une substance qui permet le bon acheminement du principe actif

7 – Indiquez la bonne réponse. Lorsque vous préparez une solution injectable, comment doit être le pH de la solution préparée ?

☐ a. isotonique
☐ b. hypertonique
☐ c. hypotonique
☐ d. basique
☐ e. neutre

8 – Indiquez la bonne réponse. Un mouvement d'eau identique de part et d'autre de la membrane cellulaire est dit :

☐ a. hypertonique
☒ b. isotonique

☐ c. hypotonique
☐ d. neutre
☐ e. basique

9 – Indiquez les bonnes réponses. Le temps de demi-vie :

☐ a. est le temps nécessaire au médicament pour atteindre sa concentration maximale
☐ b. est le temps au bout duquel la concentration plasmatique a totalement disparu de l'organisme
☐ c. est le temps au bout duquel la concentration plasmatique a disparu à moitié de l'organisme
☐ d. conditionne la durée d'action du produit
☐ e. conditionne sa fréquence de prise

10 – Indiquez les bonnes réponses. Les effets indésirables d'un médicament peuvent se traduire entre autres par :

☐ a. des effets hématologiques
☐ b. des effets cutanéomuqueux
☐ c. des effets psychologiques
☐ d. des effets digestifs
☐ e. des effets neurologiques

11 – Indiquez les bonnes réponses. Sur une ampoule de sufentanil (analgésique central réservé à l'anesthésie-réanimation), il y a marqué 50 µg/10 ml. Combien cela fait-il en mg ?

☐ a. 0,5 mg
☐ b. 0,05 mg
☐ c. 5 mg
☐ d. 0,005 mg
☐ e. 50 mg

12 – Indiquez la bonne réponse. La liste des médicaments contenant des substances « toxiques » sont :

☐ a. inscrits sur la liste I
☐ b. inscrits sur la liste II
☐ c. inscrits sur la liste des stupéfiants
☐ d. des médicaments à visée antalgique
☐ e. des substances dérivées de la morphine

13 – Indiquez la bonne réponse. Lors de la préparation d'une solution injectable, quelle doit être son exigence par rapport au sang ?

☐ a. isotonique
☐ b. hypertonique
☐ c. hypotonique

☐ d. basique

☐ e. acide

14 – Indiquez les bonnes réponses. Les solutions acides sont caractérisées par :

☐ a. un pH supérieur à 7

☐ b. un pH inférieur à 7

☐ c. une quantité d'ions H_3O^+ supérieure aux ions OH^-

☐ d. une quantité d'ions H_3O^+ inférieure aux ions OH^-

☐ e. une quantité d'ions H_3O^+ égale aux ions OH^-

15 – Indiquez la bonne réponse. Sur prescription médicale, vous prenez dans la pharmacie une ampoule de glucose 30 % de 20 ml. Combien allez-vous injecter de glucose au patient ?

☐ a. 3 g

☐ b. 6 g

☐ c. 10 g

☐ d. 20 g

☐ e. 30 g

16 – Indiquez la bonne réponse. Un mouvement d'eau du milieu extracellulaire vers le milieu intracellulaire est dit :

☐ a. hypertonique

☐ b. isotonique

☐ c. hypotonique

☐ d. neutre

☐ e. basique

17 – Indiquez les bonnes réponses. Quels sont les éléments qui définissent la biodisponibilité d'un médicament ?

☐ a. la quantité de médicament qui atteint la circulation générale

☐ b. la quantité de médicament absorbée quel que soit le mode d'administration

☐ c. la vitesse à laquelle il atteint la circulation générale

☐ d. la vitesse à laquelle le principe actif est éliminé

☐ e. la notion du premier passage hépatique

18 – Indiquez les bonnes réponses. Une interaction médicamenteuse peut être :

☐ a. induite uniquement part un mécanisme pharmacodynamique

☐ b. induite uniquement part un mécanisme pharmacocinétique

☐ c. induite par des mécanismes pharmacocinétiques et pharmacodynamiques

☐ d. induite par l'association de plusieurs molécules actives qui s'accumulent ou s'opposent

☐ e. induite par la modification du devenir du médicament dans l'organisme (absorption, métabolisation, élimination)

19 – Indiquez les bonnes réponses. Un pH (potentiel hydrogéné) est dit basique lorsque sa valeur est :

- ☐ a. égale à 7
- ☐ b. comprise entre 0 et 7
- ☐ c. comprise entre 7 et 14
- ☐ d. supérieure à 7
- ☐ e. inférieure à 7

20 – Indiquez la bonne réponse. Lorsque vous donnez une cuillère à soupe de sirop à un enfant, vous lui administrez :

- ☐ a. 2,5 ml de sirop
- ☐ b. 5 ml de sirop
- ☐ c. 10 ml de sirop
- ☐ d. 15 ml de sirop
- ☐ e. 20 ml de sirop

Bilan du test

Le barème :

- Toutes les réponses sont conformes : 1 point
- 1 réponse non conforme : 0,5 point
- 2 réponses non conformes : 0,3 point
- 3 ou plus de réponses non conformes : 0 point

Questions	Réponses	Points obtenus
1	a. – c. – d. – e.	
2	a.	
3	d.	
4	b. – c. – e.	
5	d.	
6	a. – b. – e.	
7	e.	
8	b.	
9	c. – d. – e.	
10	a. – b. – d. – e.	
11	b.	
12	a.	
13	a.	
14	b. – c.	
15	b.	
16	c.	
17	a. – c. – e.	
18	c. – d. – e.	
19	c. – d.	
20	d.	
TOTAL		

Vous avez moins de 7/20 : l'essentiel n'est pas maîtrisé. Révisez vos cours avant de commencer l'entraînement.

Vous avez entre 7 et 10/20 : il faut poursuivre vos efforts. Vous avez déjà acquis certaines notions, mais celles-ci doivent être renforcées. Révisez les thèmes sur lesquels vous avez perdu des points avant de commencer l'entraînement.

Vous avez entre 11 et 15/20 : consolidez vos acquis. Vous êtes presque prêt ; poursuivez vos efforts en vous entraînant.

Vous avez plus de 15/20 : bravo ! Continuez à vous entraîner pour être au top le jour J !

ENTRAÎNEZ-VOUS

Entraînez-vous avec des QCM

Consignes : une ou plusieurs bonnes réponses sont attendues pour l'ensemble des questions.

1 – Lors des essais cliniques, combien de phases sont nécessaires en vue d'une demande d'autorisation de mise sur le marché (AMM) ?

- ☐ a. 2
- ☐ b. 3
- ☐ c. 4
- ☐ d. 5
- ☐ e. 6

2 – Les médicaments suivants sont destinés à l'application sur les muqueuses sauf un. Indiquez lequel.

- ☐ a. les ovules
- ☐ b. les collutoires
- ☐ c. les pommades
- ☐ d. les aérosols
- ☐ e. les collyres

3 – À propos des voies d'administration concernées par le premier passage hépatique, on retient :

- ☐ a. la voie orale
- ☐ b. la voie transdermique
- ☐ c. la voie inhalée (pulmonaire par inhalations)
- ☐ d. la voie intraveineuse
- ☐ e. la voie rectale

4 – La concentration désigne une quantité de principe actif contenue dans un milieu. Que veut dire cette concentration : glucosé isotonique 5 % ?

- ☐ a. qu'il y a 5 g de glucose dans 100 ml d'eau
- ☐ b. qu'il y a 5 g de glucose dans 10 ml d'eau

- [ ] c. qu'il y a 50 g de glucose dans 100 ml d'eau
- [ ] d. qu'il y a 50 g de glucose dans 1 litre d'eau
- [ ] e. qu'il y a 5 g de glucose dans 1 litre d'eau

5 – C'est un liquide homogène obtenu en mélangeant un corps solide avec un solvant (eau ou alcool). Le produit obtenu est :

- [ ] a. une solution
- [ ] b. une teinture alcoolique
- [ ] c. un sirop
- [ ] d. des granules
- [ ] e. des dragées

6 – Les médicaments inscrits sur la liste I peuvent être :

- [ ] a. des hypotenseurs
- [ ] b. des diurétiques
- [ ] c. des antidépresseurs
- [ ] d. des anxiolytiques
- [ ] e. des antibiotiques

7 – On apprécie la vitesse de passage du médicament dans la circulation par le biais :

- [ ] a. de la concentration maximale (C_{max})
- [ ] b. de la concentration minimale (C_{min})
- [ ] c. de la vitesse d'absorption maximale (T_{max})
- [ ] d. de la vitesse d'absorption minimale (T_{min})
- [ ] e. du volume de distribution (Vd)

8 – L'index thérapeutique se définit par le maintien des concentrations du médicament dans un intervalle :

- [ ] a. inefficace et toxique
- [ ] b. curative et peu toxique
- [ ] c. curative et non toxique
- [ ] d. curative et toxique
- [ ] e. inefficace et non toxique

9 – La forme pharmaceutique est la manière dont est présenté le médicament au public. Elle est aussi appelée :

- [ ] a. forme officinale
- [ ] b. forme galénique
- [ ] c. forme active
- [ ] d. forme hospitalière
- [ ] e. forme allopathique

10 – Lors du développement préclinique d'une nouvelle molécule, des études visent à déterminer la toxicité :

- [ ] a. morbide
- [ ] b. subchronique

☐ c. aiguë
☐ d. plasmatique
☐ e. subaiguë

11 – Le premier passage hépatique concerne les substances amenées par :

☐ a. la veine porte
☐ b. la veine cave
☐ c. la veine saphène
☐ d. la veine céphalique
☐ e. la veine gastrique

12 – Les stupéfiants :

☐ a. sont délivrés sur des ordonnances sécurisées
☐ b. ne font l'objet d'aucun suivi dans la délivrance
☐ c. sont responsables de pharmacodépendance
☐ d. ne créent aucune sensation d'accoutumance
☐ e. sont responsables d'euphorie

13 – « Réaction nocive et non voulue, se produisant aux posologies normalement utilisées chez l'homme [...] ou résultant d'un mésusage du médicament ou du produit » (article R. 5121-153 du Code de la santé publique). Cet article définit :

☐ a. les surdosages
☐ b. les interactions médicamenteuses
☐ c. les effets indésirables médicamenteux
☐ d. les effets iatrogènes
☐ e. la pharmacodépendance

14 – Une solution de chlorure de sodium à 20 % – 10 ml contient :

☐ a. 2000 mg de chlorure de sodium
☐ b. 20 g de chlorure de sodium
☐ c. 1 mg chlorure de sodium
☐ d. 2 g de chlorures de sodium
☐ e. 4 g de chlorure de sodium

15 – L'autorisation de mise sur le marché (AMM) est délivrée par l'Agence nationale de sécurité du médicament et des produits de santé (ANSM) pour une durée :

☐ a. de 5 ans
☐ b. illimitée
☐ c. 5 ans renouvelables sans limitation
☐ d. 5 ans renouvelables deux fois
☐ e. déterminée jusqu'à la chute du brevet dans le domaine public

16 – C'est une préparation aqueuse et de consistance visqueuse. Son utilisation est simple et son goût masque souvent celui, désagréable, du principe actif. Ce produit est :

- ☐ a. une solution
- ☐ b. une teinture alcoolique
- ☐ c. un sirop
- ☐ d. des granules
- ☐ e. des dragées

17 – Lors du développement préclinique d'une nouvelle molécule, les études prennent particulièrement en compte la toxicité sur :

- ☐ a. le génome
- ☐ b. le système cérébral
- ☐ c. la reproduction
- ☐ d. les cellules
- ☐ e. le système limbique

18 – Afin d'obtenir l'AMM d'une nouvelle spécialité pharmaceutique, le dossier présenté à l'organisme compétent devra comporter des éléments concernant :

- ☐ a. l'efficacité de la molécule
- ☐ b. le coût de la molécule
- ☐ c. la sécurité de la molécule
- ☐ d. la qualité de la molécule
- ☐ e. la dangerosité du produit

19 – Le rapport entre la dose administrée du médicament et sa concentration plasmatique s'appelle :

- ☐ a. la concentration maximale (C_{max})
- ☐ b. la concentration minimale (C_{min})
- ☐ c. la vitesse d'absorption maximale (T_{max})
- ☐ d. la vitesse d'absorption minimale (T_{min})
- ☐ e. le volume de distribution (Vd)

20 – Que décrit la définition suivante : « Association de deux ou plusieurs médicaments de façon successive ou concomitante souvent liés aux mécanismes d'action du médicament ou à une modification de son devenir » ?

- ☐ a. les surdosages
- ☐ b. les interactions médicamenteuses
- ☐ c. les effets indésirables médicamenteux
- ☐ d. les effets iatrogènes
- ☐ e. la pharmacodépendance

21 – Le SMR (service médical rendu) classe les médicaments en plusieurs niveaux. Combien en existe-t-il ?

- ☐ a. 2
- ☐ b. 3

- ☐ c. 4
- ☐ d. 5
- ☐ e. 6

22 – Les médicaments suivants sont destinés à la voie orale sauf un. Indiquez lequel.

- ☐ a. un comprimé à libération prolongée
- ☐ b. un comprimé à libération accélérée
- ☐ c. un comprimé effervescent
- ☐ d. une capsule
- ☐ e. un gargarisme

23 – L'osmolarité d'une solution est le nombre :

- ☐ a. d'atomes en solution dans 1 litre de solution
- ☐ b. d'ions en solution dans 1 litre de solution
- ☐ c. de moles de particules en solution dans 1 litre de solution
- ☐ d. de particules en solution dans 1 litre de solution
- ☐ e. de molécules en solution dans 1 litre de solution

24 – Qu'indique la DCI d'un médicament ?

- ☐ a. le nom du laboratoire détenant les brevets
- ☐ b. le nom fantaisie du médicament
- ☐ c. le nom chimique du principe actif
- ☐ d. le nom commun de la substance active
- ☐ e. le nom international du médicament

25 – Les médicaments sont transportés par les protéines plasmatiques (fixation par des liaisons réversibles). Quelle est la principale protéine de l'organisme qui assure cette fonction ?

- ☐ a. la globuline
- ☐ b. l'albumine
- ☐ c. la macroglobuline
- ☐ d. le fibrinogène
- ☐ e. la céruloplasmine

26 – À propos des précautions à prendre pour la préparation d'un médicament, on retient :

- ☐ a. la vérification de la limpidité du soluté
- ☐ b. la vérification de la date de péremption du produit
- ☐ c. la vérification que le produit est en quantité suffisante dans l'armoire à pharmacie
- ☐ d. la vérification que le patient est informé de son traitement
- ☐ e. la vérification que l'emballage du produit est intègre

27 – Les stupéfiants sont des traitements qui sont délivrés pour une durée :

- ☐ a. de 30 jours au maximum selon la substance et la forme pharmaceutique
- ☐ b. de 7 jours au maximum selon la substance et la forme pharmaceutique
- ☐ c. de 7 à 28 jours selon la substance et la forme pharmaceutique
- ☐ d. de 21 jours au minimum selon la substance et la forme pharmaceutique
- ☐ e. de 8 jours au minimum selon la substance et la forme pharmaceutique

28 – À propos des caractéristiques de la phase III des essais cliniques, on retient :

- ☐ a. déterminer la sécurité de la molécule chez l'homme
- ☐ b. déterminer les interactions médicamenteuses
- ☐ c. déterminer le rapport bénéfice/risque
- ☐ d. déterminer les effets secondaires
- ☐ e. déterminer les relations dose/réponse

29 – Les molécules solubles dans l'eau sont dites :

- ☐ a. insolubles
- ☐ b. liposolubles
- ☐ c. hydrosolubles
- ☐ d. carbosolubles
- ☐ e. oxygénosolubles

30 – La pharmacopée est :

- ☐ a. un recueil officiel de produits pharmaceutiques
- ☐ b. un formulaire national contenant les formes pharmaceutiques
- ☐ c. un outil scientifique et juridique
- ☐ d. un recueil de monographies de produits pharmaceutiques
- ☐ e. un recueil des formes des médicaments officinaux

31 – Qu'appelle-t-on « cycle entérohépatique » lors de l'élimination du médicament ?

- ☐ a. l'élimination du médicament par le foie dans les fèces
- ☐ b. l'élimination biliaire du médicament et sa réabsorption par la lumière intestinale
- ☐ c. l'élimination du médicament par le système digestif
- ☐ d. l'élimination du médicament par les voies urinaires
- ☐ e. l'élimination du médicament par les voies aériennes

32 – À propos des conséquences délétères de l'exposition *in utero* du fœtus à un médicament, vous retenez :

- ☐ a. les effets iatrogènes
- ☐ b. les effets tératogènes
- ☐ c. les effets indésirables
- ☐ d. les effets toxicogènes
- ☐ e. les effets pharmacocinétiques

33 – Parmi les différentes autorisations temporaires d'utilisation (ATU) en vigueur, on distingue :

☐ a. l'ATU familial
☐ b. l'ATU individuelle
☐ c. l'ATU hospitalière
☐ d. l'ATU de cohorte
☐ e. l'ATU officinale

34 – Tout médicament préparé à l'avance, présenté sous un conditionnement particulier et caractérisé par une dénomination spéciale est :

☐ a. une spécialité pharmaceutique
☐ b. une spécialité hospitalière
☐ c. une spécialité générique
☐ d. une préparation officinale
☐ e. une préparation magistrale

35 – Lors des essais cliniques, la phase II explore :

☐ a. l'efficacité pharmacologique
☐ b. la sécurité d'emploi à court terme du principe actif
☐ c. la relation dose/réponse
☐ d. la sécurité d'administration du médicament
☐ e. les effets secondaires méconnus

36 – Une autorisation temporaire d'utilisation (ATU) est une procédure qui permet :

☐ a. d'utiliser un médicament sans autorisation de mise sur le marché dans certains cas particuliers
☐ b. de passer outre la phase de développement préclinique
☐ c. de rendre obligatoire l'autorisation de mise sur le marché
☐ d. d'utiliser un médicament en parallèle de la poursuite de son évaluation
☐ e. de bloquer son utilisation en tant que principe actif

37 – Les molécules solubles dans les solvants organiques sont dites :

☐ a. insolubles
☐ b. liposolubles
☐ c. hydrosolubles
☐ d. carbosolubles
☐ e. oxygénosolubles

38 – Le médicament, lors de la métabolisation ou de la biotransformation, subit des transformations grâce à l'action des enzymes. Cela aboutit à la formation d'un ou de plusieurs composés qui sont appelés :

☐ a. oxydations
☐ b. hydrolyses
☐ c. catalyses

- ☐ d. métabolites
- ☐ e. conjugaisons

39 – Les médicaments dits de prescription médicale facultative sont :

- ☐ a. obtenus sans prescription médicale
- ☐ b. délivrés sur prescription médicale
- ☐ c. parfois inscrits sur une liste de délivrance nominative
- ☐ d. inscrits comme médicaments appartenant à la liste des stupéfiants
- ☐ e. essentiellement des antalgiques de palier I

40 – La concentration du médicament se définit par :

- ☐ a. la dose journalière
- ☐ b. la concentration plasmatique à un instant donné
- ☐ c. la dose administrée totale à la fin du traitement
- ☐ d. le dosage en principe actif
- ☐ e. son augmentation de façon concomitante avec la quantité administrée

41 – Les médicaments homéopathiques ont pour particularité :

- ☐ a. de ne bénéficier d'aucune autorisation de mise sur le marché pour être commercialisés
- ☐ b. de devoir montrer leur efficacité avant commercialisation
- ☐ c. de ne pas être remboursés par la Sécurité sociale
- ☐ d. d'être considérés comme des préparations génériques
- ☐ e. de contenir un ou plusieurs principes actifs

42 – Les médicaments de la liste II sont :

- ☐ a. prescrits sur des ordonnances sécurisées
- ☐ b. délivrés par fraction de 30 jours au maximum
- ☐ c. renouvelables sauf mention contraire
- ☐ d. toujours renouvelables
- ☐ e. délivrés pour une durée de 2 mois renouvelables

43 – Une préparation magistrale est un médicament :

- ☐ a. préparé à l'avance dans un laboratoire
- ☐ b. destiné à un malade déterminé
- ☐ c. préparé au moment dans une officine
- ☐ d. destiné au plus grand nombre de malades
- ☐ e. fabriqué selon une prescription médicale

44 – Le(s) ligand(s) se définit(ssent) comme :

- ☐ a. des molécules de différentes natures capables de se fixer sur un récepteur
- ☐ b. des ions de différentes natures capables de se fixer sur un récepteur
- ☐ c. des atomes de différentes natures capables de se fixer sur un récepteur
- ☐ d. une association atome–molécule capable de se fixer sur un récepteur
- ☐ e. une association ions–molécule capable de se fixer sur un récepteur

■ 45 – Lorsqu'un patient a une affection de longue durée (ALD), le médecin doit rédiger sa prescription sur :

☐ a. une ordonnance sécurisée
☐ b. une ordonnance bizone
☐ c. une ordonnance classique en précisant la mention « ALD »
☐ d. une ordonnance sur papier libre précisant la mention « ALD »
☐ e. une ordonnance pour stupéfiants

■ 46 – Lors d'une dilution, on rajoute à un principe actif un solvant. De ce fait, la concentration de ce principe actif va diminuer. Vous effectuez une solution d'un produit N au 1/20e (au vingtième). Qu'est-ce que cela veut dire ?

☐ a. qu'il y a dans cette solution 1 ml de produit N dans 50 ml de solution totale
☐ b. qu'il y a dans cette solution 1 mg de produit N dans 50 ml de solution totale
☐ c. qu'il y a dans cette solution 1 ml de produit N dans 50 mg de solution totale
☐ d. qu'il y a dans cette solution 1 mg de produit N dans 50 mg de solution totale
☐ e. qu'il y a dans cette solution 1 cl de produit N dans 50 mg de solution totale

■ 47 – Lors de l'élimination d'un médicament par le rein, combien peut-on admettre que le rein a de fonctions dans cette élimination ?

☐ a. 2
☐ b. 3
☐ c. 4
☐ d. 5
☐ e. 6

■ 48 – Quel est le pourcentage de remboursement d'un médicament classé SMR important ?

☐ a. 15 %
☐ b. 30 %
☐ c. 65 %
☐ d. 100 %
☐ e. Pas de remboursement

■ 49 – Dans la catégorie des récepteurs enzymatiques, il existe :

☐ a. les récepteurs à activité tyrosine kinase
☐ b. les récepteurs couplés à une protéine G
☐ c. les récepteurs à activité tyrosine phosphatase
☐ d. les récepteurs à activité guanyl cyclase
☐ e. les récepteurs à activité nucléaire

50 – Ce sont l'ensemble des événements indésirables induits chez un patient et liés à la pratique médicale. Ils sont considérés comme une conséquence indésirable du médicament. Ce sont :

- ☐ a. les surdosages
- ☐ b. les interactions médicamenteuses
- ☐ c. les effets indésirables médicamenteux
- ☐ d. les effets iatrogènes
- ☐ e. la pharmacodépendance

51 – Lors de la prescription, par un médecin, d'une ordonnance en dénomination commune internationale (DCI), les éléments suivants doivent se retrouver sur cette ordonnance sauf un. Indiquez lequel.

- ☐ a. la voie d'administration
- ☐ b. la forme pharmaceutique
- ☐ c. le principe actif du médicament désigné par sa DCI
- ☐ d. le dosage en principe actif
- ☐ e. le nom générique du médicament

52 – Tout médicament préparé en pharmacie, inscrit dans la pharmacopée ou au registre national et destiné à être dispensé directement aux patients est :

- ☐ a. une spécialité pharmaceutique
- ☐ b. une spécialité hospitalière
- ☐ c. une spécialité générique
- ☐ d. une préparation officinale
- ☐ e. une préparation magistrale

53 – Lors des essais cliniques, la phase IV permet :

- ☐ a. de compléter les connaissances du médicament
- ☐ b. d'étudier les effets indésirables les plus fréquents
- ☐ c. de préciser l'activité du produit sur un groupe de sujets spécifiques
- ☐ d. d'étudier les effets indésirables rares
- ☐ e. de déterminer le rapport bénéfice/risque

54 – Les effets indésirables médicamenteux peuvent porter plusieurs noms. Parmi la liste ci-dessous, lesquels ne s'appliquent pas au médicament ?

- ☐ a. effets latéraux
- ☐ b. effets notoires
- ☐ c. effets secondaires
- ☐ d. effets toxiques
- ☐ e. effets antabuses

55 – Le noyau de l'atome est formé de nucléons. Ces nucléons sont formés de deux types de particule. Lesquels ?

- ☐ a. les protons
- ☐ b. les électrons

- ☐ c. les neutrons
- ☐ d. les cations
- ☐ e. les ions

56 – Il existe plusieurs grandeurs de doses. Laquelle ne fait pas partie de ces grandeurs ?

- ☐ a. la dose toxique
- ☐ b. la dose maximale tolérable
- ☐ c. la dose totale de traitement
- ☐ d. la dose marginale
- ☐ e. la dose unitaire

57 – Pendant une grossesse, un médicament possédant des effets tératogènes ne doit absolument pas être consommé pendant :

- ☐ a. l'ensemble de la grossesse
- ☐ b. le premier trimestre de la grossesse
- ☐ c. le deuxième trimestre de la grossesse
- ☐ d. le troisième trimestre de la grossesse
- ☐ e. pendant les 24 premières semaines de gestation

58 – Un principe actif est dit « sélectif » pour un récepteur si celui-ci :

- ☐ a. présente une affinité plus élevée pour ce récepteur que pour d'autres récepteurs
- ☐ b. présente une affinité plus élevée pour d'autres récepteurs que pour ce récepteur
- ☐ c. interagit de manière similaire avec ce récepteur et les autres récepteurs
- ☐ d. induit plus d'effets secondaires
- ☐ e. induit moins d'effets secondaires

59 – La masse molaire moléculaire est :

- ☐ a. la masse d'un atome de molécules
- ☐ b. la masse d'une mole de molécules
- ☐ c. la masse d'un ion de molécules
- ☐ d. la somme des masses molaires atomiques des atomes
- ☐ e. la somme des masses atomiques des atomes

60 – La pharmacovigilance concerne l'étude et la prévention :

- ☐ a. du circuit du médicament à l'hôpital
- ☐ b. des effets indésirables médicamenteux
- ☐ c. des effets secondaires des cytotoxiques
- ☐ d. des médicaments dérivés du sang
- ☐ e. des effets iatrogènes

61 – Vous devez administrer des gouttes à un patient. Sur l'ordonnance, vous voyez marqué : « Produit A XXIV gouttes et produit B XVI gouttes ». Combien de gouttes de produit A et B allez-vous distribuer en chiffres arabes ?

- ☐ a. 12 gouttes
- ☐ b. 16 gouttes
- ☐ c. 21 gouttes
- ☐ d. 24 gouttes
- ☐ e. 26 gouttes

62 – Parmi les caractéristiques des essais cliniques de la phase I, on retrouve :

- ☐ a. déterminer la sécurité de la molécule chez l'homme
- ☐ b. déterminer les interactions médicamenteuses
- ☐ c. déterminer le rapport bénéfice/risque
- ☐ d. déterminer les effets secondaires
- ☐ e. déterminer les relations dose/réponse

63 – Les médicaments inscrits sur la liste II peuvent être :

- ☐ a. des barbituriques
- ☐ b. des hypotenseurs
- ☐ c. des corticoïdes
- ☐ d. des amphétamines
- ☐ e. des hormones thyroïdiennes

64 – Selon la règle de remplissage des couches électroniques, combien d'électrons au maximum peuvent contenir les deux premières couches (K : première couche et L : deuxième couche) ?

- ☐ a. 1
- ☐ b. 2
- ☐ c. 6
- ☐ d. 8
- ☐ e. 10

65 – Les canaux ioniques sont :

- ☐ a. des protéines membranaires qui permettent un passage transmembranaire d'ions
- ☐ b. des enzymes qui catalysent des réactions chimiques
- ☐ c. des protéines de transport spécifiques
- ☐ d. des bloqueurs enzymatiques
- ☐ e. des pompes transmembranaires

66 – Quel est le pourcentage de remboursement par la Sécurité sociale d'un médicament classé SMR faible ?

- ☐ a. 15 %
- ☐ b. 30 %
- ☐ c. 65 %

- ☐ d. 100 %
- ☐ e. Pas de remboursement

67 – Lors de la préparation d'un médicament en vue de son administration, un(e) infirmier(ère) doit :

- ☐ a. vérifier la bonne dose
- ☐ b. vérifier la pharmacocinétique du traitement
- ☐ c. vérifier la voie d'administration
- ☐ d. vérifier l'identité du patient
- ☐ e. vérifier s'il (elle) peut remplacer ce traitement par une spécialité générique

68 – De manière générale, nous pouvons dire que l'atome :

- ☐ a. est électriquement neutre
- ☐ b. n'est pas électriquement neutre
- ☐ c. contient autant de d'électrons que de protons
- ☐ d. contient plus d'électrons que de protons
- ☐ e. contient moins d'électrons que de protons

69 – Pour un médicament utilisé par voie parentérale, que devra préciser le médecin en plus des éléments standards de la posologie ?

- ☐ a. le volume à perfuser
- ☐ b. la durée du traitement
- ☐ c. le type d'injection (intramusculaire, intraveineuse, sous-cutané)
- ☐ d. le débit de perfusion, la durée et les horaires
- ☐ e. les éléments de surveillance

70 – Afin de respecter les bonnes pratiques d'administration du médicament, un(e) infirmier(ère) doit :

- ☐ a. toujours suivre la prescription médicale établie par le médecin
- ☐ b. signaler une éventuelle erreur d'ordonnance au médecin
- ☐ c. toujours suivre ses automatismes acquis par son expérience
- ☐ d. tracer l'ensemble des différents traitements administrés
- ☐ e. remplacer certaines thérapeutiques par une thérapeutique de la même famille

71 – Les principaux neuromédiateurs sont :

- ☐ a. l'histamine
- ☐ b. l'acétylcholine
- ☐ c. la tyrosine
- ☐ d. la noradrénaline
- ☐ e. la tioprine

72 – Pour être activé, un médicament doit :

- ☐ a. se diffuser librement dans le sang
- ☐ b. activer un récepteur spécifique

- ☐ c. être dégradé par le foie
- ☐ d. se lier à une substance endogène
- ☐ e. trouver les cellules atteintes

73 – L'index ou intervalle thérapeutique d'un traitement se définit par :

- ☐ a. la dose nécessaire pour obtenir une concentration plasmatique efficace du produit
- ☐ b. la dose en dessous de laquelle le produit est inefficace
- ☐ c. la dose toxique du produit
- ☐ d. le nombre de prises pour que le produit soit efficace
- ☐ e. le rythme de prises nécessaires à une bonne concentration plasmatique

74 – La force et la vitesse avec lesquelles une molécule antagoniste ou agoniste se fixe sur un récepteur sont :

- ☐ a. la sélectivité
- ☐ b. la rapidité
- ☐ c. la toxicité
- ☐ d. l'affinité
- ☐ e. la sensibilité

75 – Une prescription médicale est incomplète et doit faire l'objet d'une précision par le médecin si elle :

- ☐ a. ne comporte pas la signature du médecin
- ☐ b. n'est pas rédigée sur une ordonnance sécurisée
- ☐ c. ne comporte pas le dosage du médicament à administrer
- ☐ d. comporte des produits ayant une interaction entre eux
- ☐ e. ne comporte que le nom du patient

76 – Concernant une injection en sous-cutané :

- ☐ a. la vérification du point d'injection est très importante
- ☐ b. le volume de produit injecté n'a pas d'importance
- ☐ c. tous les produits peuvent être injectés par cette voie d'administration
- ☐ d. l'état cutané du patient conditionne ce type d'injection
- ☐ e. la rotation du point d'injection est primordiale

77 – L'administration par voie parentérale :

- ☐ a. est une voie de l'urgence
- ☐ b. concerne l'administration des traitements par la sonde gastrique
- ☐ c. concerne l'administration des traitements par les différentes injections
- ☐ d. permet une administration contrôlée et précise
- ☐ e. permet d'éviter la destruction du principe actif par les enzymes digestives

78 – L'administration par voie cutanée ou transcutanée concerne :

☐ a. les patchs transdermiques
☐ b. les injections sous-cutanées
☐ c. les pommades ou les gels
☐ d. les crèmes
☐ e. les injections intradermiques

79 – L'administration par voie rectale :

☐ a. peut provoquer des irritations locales
☐ b. permet d'éviter partiellement la biotransformation hépatique
☐ c. ne concerne que les suppositoires
☐ d. peut provoquer un réflexe vagal
☐ e. permet une résorption complète du principe actif

80 – La capacité d'un ligand de se fixer sur un récepteur est :

☐ a. la sélectivité
☐ b. la rapidité
☐ c. la toxicité
☐ d. l'affinité
☐ e. la sensibilité

Réponses aux QCM

1 – b. Les essais cliniques comportent en réalité 4 phases, mais en vue d'une demande d'Autorisation de mise sur le marché (AMM), ce sont les trois premières qui sont nécessaires. La 4e phase est post-AMM.

2 – c. Les pommades sont utilisées pour les usages externes uniquement. Dans les formes destinées aux muqueuses, vous pouvez également rencontrer les comprimés vaginaux et les ovules et les suppositoires.

3 – a. et ± e. Le premier passage hépatique concerne les médicaments qui sont absorbés par voie orale et qui, après résorption digestive, sont amenés par la veine porte jusqu'au foie. La voie rectale est spéciale car seulement un tiers des veines rectales sont soumises au premier passage hépatique. Les deux autre tiers n'y sont pas soumis.

4 – a. – d. Ces réponses désignent la même chose.

5 – a.

6 – c. – d. – e.

7 – a. – c.

8 – d. L'index thérapeutique est l'intervalle entre la dose curative et la dose maximale qui peut être tolérée, soit la dose à laquelle le médicament devient toxique.

9 – b.

10 – b. – c. – e.

11 – a.

12 – a. – c. – e.

13 – c.

14 – a. – d.

15 – c. – En France depuis 2008, suite à une directive européenne, il n'y a plus qu'un renouvellement unique 5 ans après l'enregistrement initial. L'autorisation de mise sur le marché est ensuite valable sans limitation de durée, sauf indication contraire de l'autorité compétente (Agence nationale de sécurité du médicament et des produits de santé).

16 – c.

17 – a. – c. – d.

18 – a. – c. – d.

19 – e.

20 – b.

21 – b. – Il existe trois niveaux qui donnent accès à un remboursement variable par la Sécurité sociale et un quatrième qui est un avis insuffisant à l'inscription sur la liste des médicaments remboursables.

22 – e. En plus des réponses a. – b. – c. – d., on peut également noter les comprimés enrobés et les comprimés gastrorésistants. Les formes gastrorésistantes et à libération prolongée (LP) ne doivent jamais être écrasées !

23 – c.

24 – d. – e.

25 – b.

26 – a. – b. – e.

27 – c.

28 – b. – c.

29 – c.

30 – a. – c. – d.

31 – b. Le cycle entérohépatique est le phénomène d'élimination par la voie biliaire via la lumière intestinale. À ce stade, le médicament peut être éliminé par les fèces ou réabsorbé par la lumière intestinale et redirigé vers le foie. Ce phénomène allonge la durée de vie du médicament dans l'organisme.

32 – b.

33 – b. – d.

34 – a.

35 – a. – b. – c.

36 – a. – d.

37 – b.

38 – d. Ces transformations ont lieu le plus souvent dans le foie, mais peuvent aussi avoir lieu ailleurs (sang, rein, poumons). Les métabolites sont le plus souvent pharmacologiquement inactifs, actifs ou toxiques.

39 – a. – b. – e.

40 – b.

41 – a. – e.
42 – b. – c.
43 – b. – c. – e.
44 – a.
45 – b. – L'ordonnance bizone est un modèle d'ordonnance établi par la caisse d'assurance maladie des travailleurs salariés (art. R. 161-39 et suivants du Code de la Sécurité sociale). La particularité de cette ordonnance réside dans le fait qu'elle comporte deux zones de prescriptions : une zone comportant les médicaments en lien avec l'affection longue durée (ALI) en haut et une zone de prescription concernant les médicaments qui n'ont aucun lien avec l'ALD.
46 – a.
47 – c. Lors de l'élimination rénale, nous pouvons voir 4 types de fonctions : la filtration glomérulaire (tout élément dont la masse moléculaire est inférieure à celle de l'albumine est filtré), la réabsorption tubulaire (le médicament pourra être réabsorbé le long des tubules rénaux), l'excrétion tubulaire depuis le plasma, l'élimination de l'urine. Un grand nombre de médicaments suit cette élimination.
48 – c.
49 – a. – c. – d.
50 – d.
51 – e.
52 – d.
53 – a. – c. – d.
54 – b. L'effet notoire concerne plus particulièrement les excipients.
55 – a. – c.
56 – d. La dose marginale n'existe pas !
57 – b. Il faut entendre par effet tératogène des effets qui conduisent à la malformation et/ou à la mort d'embryon. Le premier trimestre est l'époque de l'embryogenèse. La prescription médicamenteuse peut être plus étendue au-delà, mais la grossesse reste un moment où l'usage médicamenteux doit être réfléchi par le médecin. La fin de grossesse représente également une période où certaines thérapeutiques peuvent engendrer une morbidité périnatale (10 jours avant et après la naissance).
58 – a. – e.
59 – b. – d.
60 – b.
61 – b et d → XXIV = 24 et XVI = 16.
62 – a. – d.
63 – a. – b. – e.
64 – b. – d. → K = 2 ; L = 8
65 – a.
66 – a.

67 – a. – c. – d. En plus de vérifier la bonne dose, la voie d'administration et l'identité du patient, l'infirmier(ère) doit également vérifier le moment d'administration ainsi que le médicament en lui-même.

68 – a. – c.

69 – a. – b. – c. – d. La posologie se définit par la quantité de dose de médicament administrée à un patient. La posologie dépend de plusieurs facteurs, tels que l'état pathologique et physiologique du patient, son âge, son sexe et son poids (+/– sa surface corporelle comme dans les traitements anti-cancéreux par exemple). En cas d'administration intramusculaire, intraveineuse, sous-cutanée, le médecin devra indiquer le nombre d'injections quotidiennes ainsi que ses horaires.

70 – a. – b. – d.

71 – a. – b. – c. – d.

72 – b. – d.

73 – a. – d. – e.

74 – d.

75 – a. – c. – d. – e.

76 – a. – d. – e. La voie sous-cutanée est couramment utilisée, mais ne peut concerner qu'un volume restreint de produit. L'état cutané du patient conditionne ce mode d'administration (peau saine, exempte de brûlures, de traumatismes, etc.). La vérification du point d'injection est primordiale (risque d'hématome, d'abcès, etc.) après chaque injection. C'est la voie d'abord privilégiée pour les héparines calciques et les HBPM (héparines de bas poids moléculaire), l'insuline, certains antalgiques comme les morphiniques et les vaccins.

77 – a. – c. – d. – e. L'administration parentérale ne doit pas être confondue avec les administrations entérales. La voie parentérale se définit de manière générale comme étant un mode d'administration qui va créer une effraction de la peau. Elle peut directement amener le médicament dans le sang, le muscle, le tissu cutané, en évitant par conséquent l'appareil digestif.

78 – a. – c. – d.

79 – a. – b. – d. L'administration par voie rectale est une voie d'abord qui comprend les suppositoires, les pommades et les lavements médicaux à action locale. Elle possède de nombreux avantages, notamment chez les personnes ne pouvant pas absorber le traitement per os (nausées, vomissements, etc.). Cependant, cette voie est parfois considérée comme inconfortable et pouvant porter atteinte à la dignité du patient. De plus, le traitement peut être en partie rejeté et n'être que partiellement absorbé (réflexe de rejet immédiat).

80 – a.

Entraînez-vous avec des QROC

1 – Définissez ce qu'est une spécialité générique.

2 – Expliquez les principales toxicités et les principaux risques d'un médicament sur l'organisme.

3 – Quels sont les différents types de génériques ?

4 – Définissez la pharmacocinétique en citant les 4 phases principales.

5 – Définissez l'effet antabuse.

6 – Définissez la notion de biodisponibilité d'un principe actif.

7 – Citez les différentes qualités d'un médicament injectable.

8 – Décrivez brièvement le processus d'action d'un médicament antagoniste.

9 – Définissez la voie entérale orale (per os) et citez en quatre avantages et quatre inconvénients.

10 – Énoncez les éléments de conformité d'une prescription médicale.

11 – Définissez succinctement le temps de demi-vie d'un médicament.

12 – Afin de respecter les règles de bonnes pratiques d'administration du médicament, citez les étapes importantes qu'un(e) infirmier(ère) doit prendre en compte.

Réponses aux QROC

1

« Une spécialité générique est une spécialité qui a la même composition qualitative et quantitative en principes actifs, la même forme pharmaceutique et dont la bioéquivalence avec la spécialité de référence est démontrée par des études de biodisponibilité appropriées. Une spécialité ne peut être qualifiée de spécialité de référence que si son autorisation de mise sur le marché a été délivrée par l'Agence nationale de sécurité du médicament et des produits de santé » (article L. 5121-1 du Code de la santé publique).

2

Il y a deux types de toxicité et trois risques principaux :

- toxicité aiguë : elle se manifeste rapidement après l'administration du médicament (par exemple le surdosage) ;
- toxicité chronique : irritation prolongée répétée de certains organes par ce médicament ;
- risque tératogène : risque de malformation chez le fœtus après administration de certains médicaments chez la femme enceinte. La période la plus critique correspond aux trois premiers mois de la grossesse ;
- risque mutagène : c'est la modification du caractère génétique sous l'influence d'un médicament ;
- risque cancérigène : certains médicaments favorisent l'apparition ou accélèrent le développement de tumeurs cancérigènes.

3

Un médicament générique est un médicament identique au médicament original vendu sous le nom d'une marque. Il change de nom ou est vendu sous sa dénomination commune internationale (DCI). Il existe trois types de médicaments génériques :

- le générique identique au princeps : c'est la copie conforme du médicament original ;
- le générique essentiellement similaire (l'excipient n'est plus le même contrairement à la substance active, sa quantité ou sa forme galénique) ;
- les médicaments assimilables : ils doivent être bioéquivalents, mais des modifications minimes sont apportées (forme galénique, formule chimique, etc.).

4

La pharmacocinétique est l'étude qualitative et quantitative du devenir du médicament dans l'organisme après son administration dans l'organisme. Nous pouvons distinguer quatre phases essentielles :

- l'absorption/résorption, qui est le passage, sans modification, du principe actif dans la circulation générale ;
- la distribution, qui se définit comme la diffusion du principe actif du secteur vasculaire vers le secteur tissulaire ;

- la métabolisation, qui est la disparition du principe actif par transformation chimique (par exemple enzymes hépatiques) ;
- l'excrétion, qui se caractérise par l'élimination du principe actif par diverses voies (par exemple rénale, biliaire, salivaire, etc.).

5

L'effet antabuse peut se définir comme l'association de certains médicaments avec l'alcool ou des aliments contenant de l'alcool. La réaction produite est dite réaction antabuse. La réaction antabuse peut se caractériser par une vasodilatation périphérique importante, des manifestations telles que des sueurs, des nausées, des troubles de l'équilibre ainsi que l'apparition d'hypotension. Certains principes actifs induisant l'effet antabuse sont utilisés chez les patients alcooliques en cure de sevrage.

6

« La biodisponibilité se définit comme la quantité de médicament qui atteint la circulation générale et la vitesse avec laquelle elle l'atteint. Elle dépend naturellement de la dose de médicament administré et d'un autre facteur très important, l'effet de premier passage hépatique[7] ». Elle dépend de plusieurs facteurs tels que :

- la voie d'administration (IV, SC, IM, per os, sublinguale, pulmonaire, rectale, etc.) ;
- l'existence d'un premier passage hépatique ou non (métabolisation du principe actif).

De manière générale, la voie de référence est la voie IV (intraveineuse). On parle alors d'une biodisponibilité de 100 % car l'ensemble du produit actif injecté passe dans la circulation systémique. Si le principe actif est apporté par le biais d'une autre voie que la voie IV, la biodisponibilité sera exprimée en pour cent et exprimera le taux de produit actif qui arrive à atteindre la circulation systémique.

7

Un médicament injectable doit posséder plusieurs qualités :

- être stérile (absence de germe) ;
- être apyrogène (absence de pyrogènes – littéralement, qui ne donne pas de fièvre) ;
- être neutre (le pH le plus proche du pH sanguin) ;
- être isotonique (même pression osmotique que le plasma), tel que le glucosé 5 % (G 5 %), le chlorure de sodium 0,9 % (NaCl 0,9 %) ou hypertonique ;
- être limpide (pour les solutions seulement) – la limpidité possède comme synonymes : clarté, transparence ; par exemple limpidité du solvant aqueux comme de l'eau pour préparation injectable (EPPI) ou l'huile (attention à la voie d'administration avec les solvants huileux).

---

7. Yvan Touitou, *Pharmacologie et thérapeutiques – UE 2.11*, Elsevier Masson, 2013, p. 30.

8

Un médicament antagoniste est une substance qui se lie à un récepteur spécifique sans provoquer d'effet, de réponse biologique, mais qui peut ainsi bloquer l'action du médiateur endogène en s'opposant à la liaison du médiateur à son récepteur.

Deux types d'antagonistes sont décrits :

- les antagonistes compétitifs – l'antagoniste se lie sur le même site que le médiateur endogène ;
- les antagonistes non compétitifs – l'antagoniste se lie à un autre site.

9

La voie entérale orale, dite per os, est l'administration par la bouche d'un médicament. La voie orale commence à proprement parler après la déglutition. Il existe plusieurs formes qui sont utilisées pour cette voie d'administration : les formes solides (comprimés, poudres, gélules, capsules) et les formes liquides (solutés buvables, gouttes, sirops, émulsions, potions, suspensions).

- Quatre avantages : facilité d'utilisation, coût de fabrication économique, bonne observance de la part du patient, bonne conservation du produit actif.
- Quatre inconvénients : diminution de la biodisponibilité (effet du premier passage hépatique et interaction avec l'alimentation), effets indésirables digestifs possibles (irritation possible du tube digestif, nausées, vomissements), ne convient pas à tous les patients (enfants, coma, personnes âgées démentes), goût du principe actif pas toujours masqué.

10

La prescription médicale, qu'elle soit manuscrite ou informatisée, doit être lue et analysée par l'infirmier(ère) afin de vérifier les éléments de conformité qui sont :

- le nom et le prénom du patient ;
- sa date de naissance et son sexe ;
- la dénomination du traitement, le dosage et la forme galénique du médicament ;
- sa voie d'administration ;
- la dose par prise et sur la journée (24 heures) ;
- les horaires d'administration ainsi que le rythme ;
- les nom et prénom du médecin prescripteur ainsi que sa signature ;
- la date et l'heure de la prescription ;
- les éléments significatifs concernant le patient (grossesse, allaitement, etc.).

11

Le temps de demi-vie d'un médicament se définit comme étant le temps nécessaire à un médicament pour passer de sa concentration plasmatique à sa moitié. Elle s'exprime en unité de temps (heures, minutes). Elle caractérise la vitesse d'élimination du médicament de l'organisme. De ce fait, ce temps de référence conditionne la durée d'action du produit et détermine également la fréquence de prise du médicament.

12

Selon l'arrêté du 31 mars 1999 (art. 8), avant toute administration des médicaments, l'infirmier(ère) doit vérifier l'identité du patient, les médicaments au regard de la prescription médicale.

Pour une bonne pratique, l'infirmier(ère) doit :

- posséder une bonne connaissance sur le médicament (classe pharmaceutique, mécanisme d'action, effets secondaires, surveillances en lien) ;
- analyser l'ordonnance (déceler les erreurs de dosage, de voie d'administration). S'il existe le moindre doute, il (elle) doit demander clarification auprès du prescripteur ;
- vérifier qu'il (elle) prépare la bonne dose, du bon médicament, par la bonne voie d'administration ;
- respecter les bonnes pratiques de préparation, de reconstitution ;
- procéder à la surveillance adéquate en lien avec le ou les principes actifs administrés ;
- assurer la traçabilité de ses actes dans le dossier de soins avec rigueur et précision.

Entraînez-vous avec des schémas

Schéma 1 : Indiquez sur le schéma les différentes étapes relatives au devenir du médicament.

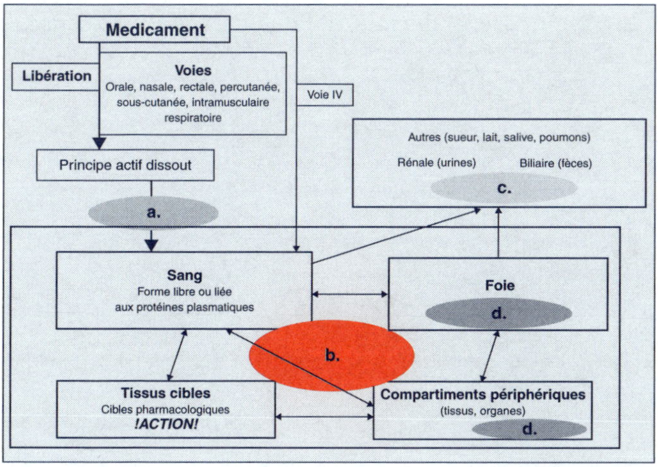

Schéma 2 : Indiquez sur le schéma les voies d'administration.

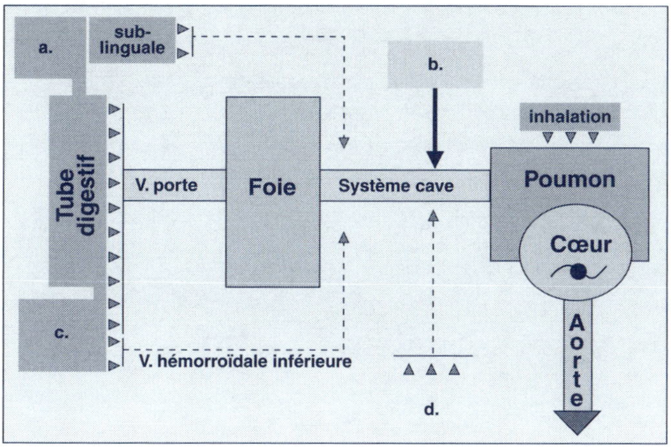

Réponses aux schémas

Schéma 1

a) Absorption. b) Distribution. c) Élimination. d) Métabolisme.

Schéma 2

a) Per os. b) Intraveineuse. c) Rectale. d) Sous-cutanée/intramusculaire/transdermique.

Conclusion

Ce livre, composé de 650 questions corrigées, vous a permis de vous entîraner à un nouvel exercice que sont les questions à choix unique ou multiples (QCU – QCM), les questions à réponses ouvertes courtes (QROC) ou encore les schémas muets.

Si votre auto-évaluation relève beaucoup de réponses fausses, n'hésitez pas à retravailler, à nouveau, la ou les unités d'enseignement concernées. À l'issue, refaites le test et/ou l'entraînement. Pour ce faire, utilisez une couleur différente à chaque fois : cela vous permettra de savoir où vous vous êtes arrêté mais surtout d'évaluer votre progression entre 2 séances de travail.

Après ces révisions et entraînements, votre objectif sera de conserver ces acquis et ne pas oublier – lors de l'évaluation individuelle sur table à laquelle vous devrez faire face – d'analyser sur la forme et le fond chaque question posée. Quels sont les éléments qui me sont demandés ? Est-ce une question de connaissance ou de compréhension ?

Rappelez-vous, il n'y a pas de piège : l'évaluation de l'unité d'enseignement a pour objectif de vérifier les connaissances que vous avez acquises et pour lesquelles vous avez révisé et vous vous êtes entraînés.

Cette étape passée, il faut déjà anticiper le prochain semestre. Vous avez la possibilité de vous procurer et de travailler avec le livre suivant « *Validez votre semestre 2 en 450 questions corrigées* ». Dans celui-ci, en plus des QCM, QROC et schémas muets, vous trouverez des situations cliniques. Elles permettent de faire appel à votre raisonnement clinique.

Attention gardez précieusement cet ouvrage ! Plusieurs unités d'enseignements universitaires ont des liens entre elles et des acquis du semestre 1 vous seront nécessaires pour comprendre et apprendre de nouvelles notions. Au besoin, n'hésitez pas à revenir régulièrement à cet ouvrage, c'est le vôtre, utilisez-le.

474085– (II) – (4,5) – OSB80 – PMS 282 + 178

Elsevier Masson S.A.S
62, rue Camille-Desmoulins
92442 Issy-les-Moulineaux Cedex

Dépôt Légal : février 2015

Composition : SPI

Réimprimé en France par Normandie Roto s.a.s.
61250 Lonrai, en février 2015
N° d'impression : 1500520